网络经济与管理研究

蔚文利 ◎ 著

吉林出版集团股份有限公司
全国百佳图书出版单位

图书在版编目（CIP）数据

网络经济与管理研究 / 蔚文利著. -- 长春：吉林出版集团股份有限公司，2022.10
　　ISBN 978-7-5731-2122-6

Ⅰ.①网… Ⅱ.①蔚… Ⅲ.①网络经济－经济管理－研究 Ⅳ.①F49

中国版本图书馆CIP数据核字(2022)第160979号

WANGLUO JINGJI YU GUANLI YANJIU
网络经济与管理研究

著　　者	蔚文利
责任编辑	张婷婷
装帧设计	朱秋丽
出　　版	吉林出版集团股份有限公司
发　　行	吉林出版集团青少年书刊发行有限公司
地　　址	吉林省长春市福祉大路5788号（130118）
电　　话	0431-81629808
印　　刷	北京昌联印刷有限公司
版　　次	2022年10月第1版
印　　次	2022年10月第1次印刷
开　　本	787 mm×1092 mm　　1/16
印　　张	10.25
字　　数	220千字
书　　号	ISBN 978-7-5731-2122-6
定　　价	65.00元

版权所有·翻印必究

前　言

在新时代大背景下，互联网技术和大数据技术飞速发展，对现代经济产生了重要影响，不仅改变了人们的生活方式，也对现代企业产生了深远影响，改变了企业原有的运作模式和发展方向。如何利用网络经济，不断提高自身竞争力，成为需要每个企业思考的问题。本书首先对网络经济进行了概述，分析了网络经济的内涵，并与传统经济进行比较，发现网络经济的优势；其次，分析了网络经济对现代企业管理可能会产生的影响和问题；最后，根据影响和问题提出了制定与网络经济相适应的发展战略、坚持创新驱动两点具有针对性的对策建议，以帮助现代企业在互联网时代得到更好的发展，获取更多的经济效益。

随着新时代电子信息技术的不断发展，社会经济的网络化趋势日益明显，社会经济的发展与网络技术之间形成了密切的联系，信息网络技术推动企业经济发展的模式成为现阶段企业经营的主流模式。电子信息技术对企业经济管理有着非常重要的作用，通过电子信息技术对企业的经营管理模式进行创新，可以有效地降低企业运营的成本，为企业带来更高的收益。

由于我国企业经济管理网络化发展的历史不长，相当一部分财务工作人员仍未能熟练掌握网络信息技术的使用，许多工作人员虽然有着专业的经济管理知识，对企业的运营等有着较为全面的掌握，但对于网络化经济管理，并不能熟练地运用先进的网络技术完成经济管理的工作；而熟练掌握计算机技术的非经济管理专业的人才却不能胜任经济管理的工作，使得企业经济管理网络化很难真正落实。

计算机网络技术推动了企业经济管理能力的发展，提高了企业的生产能力，但在实际应用过程中仍然存在制度不完善、人才欠缺等问题，这些问题为企业的健康成长留下了发展隐患。这需要企业积极采取措施，维护网络环境，增强企业的管理和保密意识，实现企业经济管理工作的网络化发展。

目　录

第一章　网络经济概述 ... 1
第一节　网络经济的含义 ... 1
第二节　网络经济的发展趋势 ... 6
第三节　网络经济发展的风险 ... 10
第四节　网络经济的产业结构 ... 12
第五节　网络经济与现代企业 ... 16
第六节　网络经济与国际贸易 ... 19

第二章　网络经济的发展 ... 23
第一节　网络空间的发展特点 ... 23
第二节　网络经济发展的异质性 ... 27
第三节　微商与网络经济的发展 ... 31
第四节　人力资源与网络经济的发展 ... 34
第五节　网络新技术与网络经济的发展 ... 39
第六节　大数据视域下的网络经济发展 ... 43

第三章　网络经济模式 ... 46
第一节　网络社群经济的特征及商业模式 ... 46
第二节　基于网络经济的金融管理模式 ... 49
第三节　网络经济时代的电子商务模式 ... 52
第四节　网络经济模式下现代企业运行模式 ... 55
第五节　网络经济模式下中小企业营销管理模式 ... 58

第四章　网络经济管理 ... 63
第一节　网络经济管理的必要性 ... 63
第二节　网络经济管理的方法与特点 ... 68

第三节　网络经济管理的理论基础 …………………………………………… 72

第五章　网络经济管理实践 …………………………………………………… 84
　　第一节　网络经济管理制度 …………………………………………………… 84
　　第二节　网络经济与项目管理 ………………………………………………… 86
　　第三节　网络经济时代的工商管理 …………………………………………… 88
　　第四节　网络经济时代企业管理 ……………………………………………… 90
　　第五节　基于网络经济的会计管理 …………………………………………… 94
　　第六节　网络营销与企业经济管理 …………………………………………… 97

第六章　网络经济管理创新 …………………………………………………… 101
　　第一节　观念创新 …………………………………………………………… 101
　　第二节　技术创新 …………………………………………………………… 104
　　第三节　组织创新 …………………………………………………………… 107
　　第四节　管理模式和制度创新 ……………………………………………… 110
　　第五节　文化创新 …………………………………………………………… 114

第七章　网络经济下的市场运行 ……………………………………………… 120
　　第一节　网络经济下的市场运行基础 ……………………………………… 120
　　第二节　网络经济下的市场供需 …………………………………………… 126
　　第三节　网络经济下的市场运行规律 ……………………………………… 135

第八章　网络经济下的企业治理 ……………………………………………… 139
　　第一节　网络经济下的企业治理理论 ……………………………………… 139
　　第二节　网络经济下的企业治理内容 ……………………………………… 147
　　第三节　网络经济下的企业竞合 …………………………………………… 153

参考文献 ………………………………………………………………………… 157

第一章 网络经济概述

从20世纪90年代初期开始的网络经济浪潮把人类社会带入了一个信息空前丰富的阶段，信息的流动变得高效率、低成本，由此极大地影响了人们的生产和生活，使经济活动出现了新的特点，人们把这种经济状况称为网络经济。但是，由于信息网络这样一个新生事物还没有被人们完全认清，所以人们只是以在自身所处的经济环境中感受到的网络影响为基础，从各自的认识和思考出发，提出了对网络经济在不同发展阶段的理解和定义，大家的观点不尽相同。

第一节 网络经济的含义

网络经济是生产者和消费者通过互联网联系而形成的经济活动，其特征是以信息产业和服务业为主导的。但是，网络经济的价值并不在于它本身立即能给社会带来多少有形的财富和利润，而是在于它可以营造一个新的社会环境，为全体社会成员提高经济创造力提供一个平台，使整个社会能实现财富的迅速聚集和飞跃发展。

一、对网络的认识

（一）网络与互联网

提及"网络"，大多数中国网民会立刻把网络与互联网联系起来，甚至将二者等同起来。这种思路上的偏差说明许多问题：①互联网是人们最容易接触到的网络形式。②多数的网民还只是通过接入互联网（Internet）进行查询和娱乐活动。③网络的经济运行仅仅停留在一种高级概念的层面之上，突出地表现在被热炒的电子商务平台和商业推广方面。这些问题和现实影响了人们对网络及其经济应用能力的认识，造成一种基础技术与开发运用之间的脱节。具体地说，研究技术的人懂得与网络有关的硬件和软件，却不懂如何通过具体的结构、运作，以及软件的开发和创新来充分发挥网络的经济效力；研究管理的人懂得业务流程和战略规划，却简单地认为网络仅仅可以帮助企业完成商业推广和交易确定，或者难以把头脑中的管理设想清晰地表达为网络中软件和硬件资源的组合。

（二）网络的概念

那么，网络究竟是什么？网络就是由物理线路和相应的信号转换、传输等设备连接的多个计算机终端构成的有机的整体系统。在这个整体系统中，计算机之间可以完成各种物理或信息资源的共享，是硬件设施基础与为了达到一定的整体运行功能目的而运行的各种软件的统一体。

简单地说，网络由多台计算机联接而成以进行信息传递和资源共享，这是一个宏观且笼统的说法。几台计算机用网线和集线器完成的联系就是一种简单的网络；拓展一下，将一个部门或企业内部各个信息处理单元的计算机依照一定的信息访问和分配层次结构进行联接，就是内部网或局域网。这些有联系的部门、企业，或是一个行业，投资用先进的传输设备（如光纤）和网络软件构架一个传输速率很高、传输质量很好、依据一定的合作规则的计算机网络，我们称之为骨干网。骨干网之中的节点也许正是一个个部门或企业的内部网或局域网。当国家之间的骨干网通过国际接口相互联接，并且在国内或在国外通过各种技术手段和协议联接进各种民用或商用的接入网部分之后，在全球地域的意义上，就形成了一个整体的网络系统，即互联网。所以，互联网是网络的网络。

（三）网络的特点

那么，网络的经济应用能力从何而来？网络不等于互联网，不等于网站，也不仅仅是一种大众媒介。网络的软件和硬件基础使网络具备一系列基本的特点：①网络节点的基本形式是计算机，是网络的基本组成单元，拥有快速的计算能力，可以进行有效的信息处理工作以及过程安排、结构设计工作。②硬件资源的共享体现了计算机与计算机之间的分工合作，进一步体现了管理计算机的人与人之间的分工合作。在这种环境下学习、查找、交流等使用活动的系统性和目的性更强，损耗环节更少，效益更高。③基于一定的系统运行目标开发的网络系统软件和应用软件，使得网络环境下各个功能单元之间权责清晰，层次分明，工作进一步标准化和程序化，从而可能达到更严密的组织协作和更有效率的整体运行。④高速度的网络可完成系统内部各种信息的实时传输，实现最高的信息资源配置到位率，从而在工作程序化和标准化的同时，提高系统运行的应变力和弹性。

（四）网络对于企业运营的意义

网络的这些特点对企业运营的意义何在？当我们将网络归为一种强大而有力的先进工具，把它视为现代经济发展的必需环境时，同样要强调的是这种判断的前提条件和时代色彩。网络成为经济运行的主导工具和环境，在历史的时间坐标上，要求工业文明的充分发达和工业经济模式的完全成熟。

传统的工业企业是工业文明时代推动物质文化进步的主体。从18世纪60年代彻底巩固资本主义机器大生产方式及相应的社会制度以来，不论是在社会整体经济运行模式上，还是在微观的企业管理机制上，都分阶段地有过多次变革。比如，管理科学的发展，从弗雷德里克·温斯洛·泰勒（Frederick Winslow Taylor）、亨利·法约尔（Henri Fayol），到霍桑实验、乔治·埃尔顿·梅奥（George Elton Mayo）人际关系理论，再到科学管理阶段的行为主义、系统学派、数理学派等，到现在，在低一层次又有了具体的全面质量管理、研发管理、人力资源管理和企业文化管理等内容。

经济运行模式和企业管理科学发展的轨迹表明，在充分成熟的工业文明世界当中，那些充分成熟了的工业企业，在涉及直接对实质经济内容进行管理的诸多方面已经无法取得明显的相对优势。比如，两家跨国公司在企业规模、市场潜力开发、技术优势、投资能力、组织效率和战略规划等方面，由于管理科学的充分发展而可以面对多种方案选择，从而都可以在博弈状态下做出满意决策。所以，发达的工业文明最终会使得单个企业在实质性经济要素领域中取得明显的比较优势的机会越来越小。即使一些中小型企业取得了成功，常常也正是因为它们在战略选择、技术优势或市场定位方面具备足够与大企业竞争的实力。

当一个企业在规模、厂房设备、投资、生产和市场营销这些方面完成了满意决策但又无法取得比较优势时，企业将会关注什么？企业会关注这些实质性经济要素的运行环境和组织协调。也就是说，企业的方向应该是加强其生产活动的前瞻性和主动性，变"推式"生产为"拉式"生产，尽量精确、快速地组织各种实质经济要素完成一个阶段的生产任务，尽可能地降低库存、积压和滞留。在这个过程中，越来越起到核心主导作用的就是各种信息的积累、加工、传播、组织和使用。为了成功地完成上面所说的"转向"，企业必然要加强对各种实质经济要素流动起组织导向作用的各种信息的到位速度和到位效率的重视，这样的客观过程鲜明地体现在现代企业管理思想的新发展上。比如，生产准时制、内包、供应链管理、客户关系管理以及企业内部知识与学习的管理，都突出强调了单个企业作为整体供应链（从原材料开始到产品售出）上的一个环节，为了降低库存、促进要素流转、实现"拉式"生产和个性化服务，必须向整个供应链收集信息以便实时指导生产，这样又必然要求在企业内部和企业之间各种信息要充分、高效地流动，促进实质经济要素的配置。

网络就是适合这一要求的最为理想的工具。从本质上说，信息是被传播才发生作用的消息。其实，并非是人们先在物理上实现了网络，然后认为这种设施适用于经济和生产，并把它应用于其中。我们不妨将网络定义为一种思维模式，这种模式具备符号抽象和转换的能力，从而可以最有效、快速地进行信息资源的收集、加工、转换、传播、配置和使用，最终组织起各种实质经济要素，推动生产的进一步发展。

二、对网络经济的认识

（一）对网络经济的一般理解

如果我们能够理解了网络的含义，也就能够很容易讲清楚什么是网络经济。最为浅显的看法是，把网络经济等同于网站经济，认为网络经济是以门户网站为主体进行的信息传播活动和依附于此的商业广告活动，或者是企业在网上进行的商业推广；也有许多人认为网络经济就是电子商务，就是企业之间通过网络做生意、谈交易。

当然，电子商务是网络经济最为外显和精彩的应用之一，在企业对企业的形式之外，多数是企业直接面对网上消费个体，这是网络经济个性化服务的一个鲜明表现。但是，当我们把网络的本质理解为一种思路和模式，进而发展到一种普遍的、强大的经济工具和环境构架时，网络就不是单独的附属性的东西，而是具有全面的渗透性和融合性的东西。经济整体的运行成熟到单个企业必须进行前向和后向的价值链、供应链管理这样的程度之后，网络也就融入了企业内部各功能单元之间、各部门之间、企业之间、行业之间乃至国家之间，充分发挥其计算、组织、传播信息的作用，体现信息资源在现代工业经济过程中的核心导向作用。

以信息传播或娱乐功能为主的专业性或综合性网站，对网络的利用并不是本质意义上的，而是工具意义上的，至少多数的网站是这样的思路。也就是说，网站在运作模式上近乎于一个大众传媒机构，只不过资金来源和所用工具有差别而已。网站企业在这个意义上说，不存在多少有实际意义的管理创新，尤其是对国民经济整体而言。电子商务涉及网络经济的本质含义，因为成功的电子商务必须是以企业内部、企业之间乃至整个经济环境各环节、各流程的网络化为依托的，并且成功、有效的电子商务也必将促进企业内部和企业之间信息化、网络化的进程。但是，企业还没有成熟地发展，还没有脱离传统工业经济主体的生产经营管理模式，而仅仅是上网推销产品、推广形象，这样的事实不妨命名为"网络实用"，称其为网络经济似乎很勉强。

（二）网络经济的本质含义

基于对网络历史的本质上的认识，可以说网络经济就是以网络为基础的运行环境和工具，以信息为核心导向性的资源，以计算机和网络的软件和硬件生产业为首要推动力的经济运行模式；简单地说，就是运用网络基础设施和网络思维的经济。从这一概念中可以看出，网络的硬件性要素的进步加速了人们对网络化思维模式的构建，"地球村"现象的日益明显促进了全球化经济的到来。网络在经济全球化进程中的地位，决定了网络经济的全球性，决定了网络经济活动的互动性、互依性和互约性，地球上任何国家或地区的政府都能够通过对本地经济的控制从而对处于网络中的全球经济造成影响，但很难将这种影响扩大为全面的全球影响或者是全球控制。因此，从全球经济一体化和地域经济国际化的角度去认识，可以将网络经济定义为：网络经济即全球经济。

知识经济、信息经济是一种时代性概念，强调经济运行的核心要素的变化。网络经济是一个泛称，可以理解为一种实际思路的变化，也可以直观地理解为经济工具和环境的变化。至于一些人所首倡的"新经济"，当然有强调信息产业、网络经济和中小科技企业的含义在内，但更重要的是阐述基于这些多方面原因而产生的前所未有的高就业、高增长、高福利、低通胀的持续经济发展态势。

网络经济的本质含义在于经济运行工具和思路的转变，并不代表一种独立的，可与工业经济、农业经济并称的经济形态。很多人将信息产业归于第四产业，但从网络经济对人类的影响和信息产业的发展趋势来看，网络经济已经超越了行业经济的范畴。网络经济的力量所在，正是它与传统产业的经济功能系统的完美融合。当然，网络经济也有其相对独立的个体特色及其经济功能的延伸，从而孕育出一些全新的产业或行业，创造出一些全新的运营思路。传统经济的表现常常比网络经济更为鲜明和突出，这也是舆论极力渲染的地方，所以人们容易对网络经济产生片面的理解。

事实上，网络为经济提供了一种有效的工具，设置了一个可控制性很强的环境，这并不意味着网络经济是对传统经济模式乃至内容的一种取代式的革命。很多东西只是以新改旧，并非弃旧取新，很多传统积淀下来的优势是不可能被取代的，经济发展的历史也证明了这一点。比如，机器的出现和人机关系的发展只能产生"石油农业"和"卫星农业"，但终归不能消灭农业，尤其是消灭农业的生产方式和根本生产特点。网络经济的鼓吹者说网络经济是对庞巴维克的"迂回生产理论"的彻底革命，因为网络经济是一种直接经济，是直接联结生产、产品与顾客的，通过消灭批发商、经销商和零售商而实现零库存，减少了各种中间环节的物质损耗，所以他们认为"节省就是赚钱"。事实上，网络经济的快捷性固然表现在其产品交易和合约达成的环节，但网络作为经济工具，不能消灭具体的迂回生产步骤，而只能通过加快和优化这些步骤外围和内部的信息资源配置，优化和重组这些生产步骤，实现更高的效益。网络的经济力量的根源也不是简单的"节省"，而是实现传统生产与信息资源的完美融合。

（三）网络经济的组成

了解了网络经济的含义之后，可以具体分析一下网络经济的组成部分。在网络成为基本的经济运行环境之后，从网络的角度，可以将社会经济内容划分为两大方面：第一方面是传统经济与网络工具、网络环境相结合的部分；第二方面是直接基于网络的存在而产生的行业和部门，它们所从事的是直接与网络建设和运营相关的经济活动。

这种划分大致上可以涵盖网络经济的主要内容，前提是以网络为视角对经济内容进行划分。在第一方面，划分的标准也可以是以部门或产业，例如在农业、工业、金融和财税等不同经济部门中网络的使用。例如，某网站是一个纯粹的电子商务平台，是一个真正意义上的商务中介，它没有产品库存，而只负责企业对企业模式或直接面向消费者模式的信息中介环节，其经营模式只是促成交易，收取佣金，那么它就是属于第二方面的。例如亚马逊书店，尽管它采用了网上交易的方式，但它有自己庞大的库存系统和物流配送系统，那么它就可以划归到第一方面。在运营的实质过程中，亚马逊方式是传统的，或者说是传统与网络融合的。这是一个关键性的思路问题，到底是基于传统业务环节和内容去融合网络，还是基于网络的存在去创造和开发经济业务，思路的不同决定经营管理模式的选择，甚至决定网络经济的成效。在这个意义上，亚马逊的亏损是有道理的，它过分强调"基于网络"而忽视了其业务内容的传统性，从而把握不了传统商务特性与网络商务规模经济要求之间的统一。[①]

---

① 王滔. 经济与管理论文集 [M]. 北京：对外经济贸易大学出版社，2015.

第二节　网络经济的发展趋势

随着计算机技术的不断升级，网络经济在技术支撑下获得了良好的发展机遇，在一定程度上弥补了传统经济模式的不足，能更好地满足新时代经济发展的需要。从长远发展的角度来看，计算机网络经济的适时革新，以及对网络经济价值进行深度挖掘，具有必要性和迫切性，最终使市场经济常态化发展。

一、计算机网络经济的内涵与特点

（一）内涵

基于网络及先进技术组织的多种经济活动称为计算机网络经济。网络时代悄然而至，新经济模式与各种经济活动融合，满足了经济主体活动策划、信息决策等需要，在一定程度上增进了服务对象与服务主体间的关系。计算机技术不断创新，网络经济随之优化，为新时期经济运作提供了最佳服务。

（二）特点

1. 直接性

网络覆盖范围呈扩大趋势，消费者与厂家直接联系，双方交易的达成意味着中间成本大大减少。现今，直接经济理论内涵丰富化，以往烦琐交易环节得以优整，使交易双方的利润空间扩大。

2. 渗透性

网络经济出现后，产业间界限模糊化，各产业呈融合趋势，新兴产业在这一机遇中形成。

3. 可持续性

网络经济与信息技术、知识经济紧密联系，三者互相影响、互相促进，促进了无形经济的高效分享，在一定程度上起到了资源节约、环境保护的作用，达到了社会持续发展的目的。

4. 快捷性

网络经济为各国、各地区的连接提供了载体，无论是信息传输，还是经贸往来，都能借助网络技术进行合作，进而加快全球经济发展。

二、计算机网络经济的发展方向

（一）边际成本递减

计算机网络技术能够长期使用，但在网民数量增多的同时，网络建设、信息传递等环节的投资额并不会因此增加，而只有信息整合和处理成本会随之提高。从整体成本方面考虑，网络平均成本呈递减趋势，这无疑会调动网络技术研发人员的积极性，促进其为网络大范围铺设、网络经济良性运作贡献个人力量。相较于传统经济，网络经济边际成本减少这一优势无可超越，所以网络经济能够顺应信息时代发展趋势，为时代进步提供有利条件。

（二）边际效益递增

当边际成本减少时，边际利润空间扩大，意味着网络经济效益逐渐累积，在一定程度上会掀起信息投资热潮。因为计算机网络具有资源整合优势，所以要确保信息资源价值被高效挖掘、充分利用，使得经济决策能够合理、有效地制定。在新经济时代，投资报酬呈增加趋势，各类行业能够得到资金支持，呈现业态繁荣、网络经济稳健发展的良好效果。这足以说明，计算机网络经济具有广阔的发展空间。

（三）网络虚拟购物

网络技术升级步伐加快，这为电商平台规模化、系统化经营提供了技术支持。从购物方式上可以看出，虚拟购物深受网民欢迎。当前网络经济覆盖了多个方面，消费者利用网络载体浏览商品，主动咨询客服，并自行下单、付款，这为消费者提供了极大便利。在信息网络时代，大数据技术、云计算技术迅猛发展。电商要能够根据数据信息揣摩消费者心理，并预测消费倾向，进而有针对性地制订虚拟商品营销方案，以此丰富消费者的购物体验。日后虚拟购物功能会逐渐强大，从而最大限度地消除消费者的顾虑。例如，化妆品电商推行线上试妆服务，满足了消费者足不出户试妆的需求，从而缩短了网购主体做决定的时间，大大地提高了在线交易率。

（四）网络经济共享

计算机网络技术具有低成本、高效益的优点。为进一步提高资源利用率，可通过渗透共享理念实施共享经济模式。当前共享经济时代处于发展阶段，人们能够接受多人共有物品的现实，这既能减少资金支出，又能满足物品循环使用的需要，真正提高了物资利用率。实际上，这是贯彻资源节约战略的具体体现。以共享单车为例，使用者出行便利度大大提高，并减少了资源闲置现象。可见，网络经济共享模式具有良好的发展前景。

（五）协同互进发展

计算机技术以较快的速度发展为计算机的网络形成提供了可靠的技术支持。计算机技术创新速度逐渐加快，促进了网络经济活动的纵向和横向发展，在一定程度上丰富了商务性网络活动类型，使经济活动常态运作。新经济增长点形成后，计算机网络发展要求相应提高，同时先进技术创新要点逐渐细化，对此要加强网络互联，适当增强网络功能。为提高计算机网络的经济效益，要以用户需求为导向，深层次地开发相关软件，以此迎合商业环境发展的需求，使网络计算机技术的优势全面显现。最为重要的是，要加大网络的安全维护力度，以便为计算机技术和网络经济发展创设良好环境，这是计算机网络经济良性发展的必要条件。

三、计算机网络经济良性发展策略

在新时期，计算机网络经济循序式发展。为稳步落实此项工作，应适时创新发展策略，进而调动网络经济活力，使计算机网络经济发展水平达到预期效果。

（一）扩大网络覆盖范围

网络经济发展的前提条件之一就是扩大网络覆盖面。基于此，应适当组建网络基站，细致检测基站性能，确保基站常态化运行。一旦在检测阶段发现异常现象，可从多角度分析原因，针对故障点具体记录，有针对性地制订故障处理方案。如果基站可靠性得不到保证，那么计算机网络经济价值应用将无从谈起。网络覆盖期间，针对全区域细致分析，基于蜂窝形式实现网络无死角覆盖，通过网络关联满足网络经济共享的需要。当前5G网络问世，意味着网络信号能够稳定传输。技术人员要客观认知5G网络的发展，对其适当完善，以此优化传输效果。具体来说，可借助计算机网络发展综合业务，确保通信、网络、终端连成统一整体，促进网络经济的高效发展。从中可以看出，网络经济对网络覆盖范围提出了较高要求，应通过规避空区实现网络全覆盖效果，使得网络经济稳定化、一体化运行。

（二）融合多种先进技术

计算机网络的核心环节是互联网，如果万维网（Web）资源不能及时、准确地被计算机识别，那么网络的稳定性、安全性会大大降低，进而制约网络经济的发展。基于此，要高度重视万维网资源的整合和管理，应用大数据技术、数据库技术及相关先进技术进行辅助，确保万维网资源有效传输、高效利用，为网络经济的良性发展指明方向。在此期间，还要合理制订发展规划，并细化网络发展目标，使计算机网络经济有序运行。因为单一技术存在不足，所以多种技术融合能为网络经济发展给予技术支撑，这对网络经济内在价值的挖掘有促进意义。站在技术人员角度来分析，要创新工作理念，并改进技术应用方法，为网络经济发展提供助推力，最终为网民提供优质服务，使网络时代经济常态化发展。此外，还要适当地向发达国家学习技术创新经验，结合国内网络经济现状进行技术融合，尽最大可能彰显网络技术优势，顺利实现网络经济的发展目标。

（三）丰富网络销售渠道

网络经济规模日益扩大化，在这一过程中要重视销售渠道拓展，让网购主体与电商顺利对接，以此增加网络销量。电商要及时抓住发展机遇，围绕电商平台构建网络体系，尽最大可能挖掘潜在消费者，稳定消费群体，推动网络经济平稳发展。在销售渠道多样化发展期间，企业要强化自身实力，将资源优势全面显现，以此满足网络营销的需要。网络营销活动启动后，企业要精心设计网页，将相关信息发布到网络平台上，从而吸引消费者的注意力，争取促成在线交易。除此之外，企业还应集中精力打造优质产品，这能增强企业的影响力和信誉度，并且回购率将大幅提高。网络销售效果受多种因素影响，其中销售人员的专业素质、工作能力是关键性影响因素。基于此，企业应面向销售人员组织系统化培训，通过培训传授网络销售技巧，这对网络经济的有序发展有促进作用。

（四）健全相关的法律法规

随着网络信息技术的大范围应用，为规范技术应用行为并取得网络经济发展的良好效果，势必要完善相关的法律法规，尽最大可能地减少违规现象，真正净化网络经济环境。实际上，网络具有虚拟性，无形当中加大了网络管理难度。而且，网络经济风险扩大化，通过完善法律法规为其提供良好的法律环境，能够使违规行为的处理工作有据可依。网络经济的发展速度较快，因此要及时完善管理措施，加快法律法规调节速度，以便更好地满足网络经济运行的需要，确保计算机网络问题得到高效化、优质化解决。

一方面，要有针对性地制定并有效完善法律法规。从网络经济实际情况出发，结合电商、消费者、专家和学者建议来制定具有可行性和有效性的法律法规。与此同时，要分析以往的网络犯罪事件，据此适当地细化法律法规的内容，避免出现网络诈骗和网络犯罪等现象，让网购主体的权益得到合法维护。另一方面，面向电商和消费者组织法律教育，借此机会增强其安全意识和维权意识，有效排除风险隐患，促进网络经济稳步发展。

（五）坚持结合性原则

要考虑地区特色，并适当借鉴成功经验，从地区网络经济的实际情况出发，探索信息技术与网络安全、电子商务的融合路径，从而彰显地区特色，实现资源整合目标。最为重要的是，要培育龙头示范企业，并提供政策支持，从而推动网络经济持续、稳健发展。要放眼于国际市场，参照国际先进水平细化计算机网络经济发展目标，并明确发展方向，以此加快网络经济发展步伐，迎合网络经济现代化的发展趋势。此外，要加强政府指导和市场调节，使计算机网络经济沿正确方向发展，为网络经济发展创设良好环境，使资源合理化、高效化配置，以此提高网络经济利用率，为市场经济常态发展助力。

（六）建立专业人才团队

针对计算机网络经济，在发展过程中，应建立专业人才团队，这既能丰富人才储备，又能促进网络经济的良性竞争。要以全球视域为出发点，适当完善人才制度体系，并培育优秀人才，为计算机网络经济发展提供新思路。

1.拓宽人才培育渠道

企业应主动与高校、科研单位合作，大范围推广产、学、研、用一体化模式，确保人力资源合理配置，为计算机网络经济稳健发展提供优秀人才。

2.组织系统化培训

企业可以结合计算机网络经济的发展要求，合理制订人才培训计划，外聘专业教师传授理论知识和工作技巧，让培训对象灵活运用理论知识，为网络经济常态化发展助力。在专业人才团队构建期间，企业可以借鉴政府部门在创新型人才培养、专业团队构建方面提出的合理化建议，确保专业人才团队构建任务顺利完成。在此期间，高校应动态观察计算机网络经济变化情况，并适当调整复合型人才培养方案，为电子商务活动的有序运作提供人才支持。高校应开设专业课程，大力培育专业人才，为计算机网络经济常态化运作提供人才支持，促进计算机技术与网络经济深度融合。

（七）完善电子商务支持系统

如今电子商务模式多样化存在，适时优化电子商务系统，能为计算机网络经济常态化发展提供可靠支持。随着商务活动的动态创新，在信息、支付和物流三方面做好充分准备具有可行性和必要性。同时，要完善物流系统配套设施，使物流任务高效、优质地完成，为网络经济运作提供推动力。在计算机网络时代，物流配送的时效性、安全性和人性化要求逐渐提高。基于此，动态革新电子商务系统在一定程度上调动了计算机互联网经济活力，推动电子商务模式在短时间内发展到新阶段，促进市场经济的繁荣发展。

（八）培育经济创新主体

计算机网络经济常态发展是大众的期许，要想真正带动国内经济发展，推动全球经济健康发展，一定要培育网络经济创新主体，这是优化网络经济生态体系的基本要求，能够真正优化网络经济环境。政府部门应树立全局意识，从多角度考虑经济发展需求，尽最大可能发挥政府指导作用，为网络经济主体提供正确方向。与此同时，政府部门应制定可行性制度，并完善相关的法律法规，使经济创新主体发展得到可靠保障。为进一步扩大计算机网络经济发展的成果，政府部门应扩大宣传范围，为合作主体间的沟通、交流提供载体，指导经济创新主体意识到网络经济繁荣发展的益处，在一定程度上增强内部凝聚力，为计算机网络经济的有序运作提供合力。最为重要的是，大力培育网络经济创新主体，如扶持小微企业、网信企业，凭借网络经济集聚作用践行创新发展理念，进而增强竞争实力，扩大发展空间。网络经济创新主体集聚后，计算机网络经济将快速发展，进而使得市场经济常态发展能够得到有力支持。

综上所述，现阶段计算机网络经济进入高速发展阶段，客观预测新经济模式未来发展趋势，应通过扩大网络覆盖范围、融合多种先进技术、丰富网络销售渠道、健全相关的法律法规等措施优化网络经济发展效果。这符合新时代发展的需要，有利于提高网络经济的主导地位，为全球经济常态化发展助力，并且我国的经济实力会增强，经济地位也会大幅提高。

第三节 网络经济发展的风险

网络经济是随着计算机技术和互联网快速发展而建立起来的新型经济，它的出现改变了传统企业的经营模式和盈利模式。狭义的网络经济主要是指信息产业和计算机产业，还有通信技术产业。而广义的网络经济则是指电信、电力、能源和交通运输等构成的产业群体。本节主要讨论的是狭义定义下的网络经济。

一、网络经济发展的风险

（一）技术风险

对于网络经济来说，由于它依托互联网技术和计算机技术作为发展的前提，所以对于通信类或者是计算机类的企业来说，如果技术一旦出现问题，那么对企业造成的损失则是致命的。这是因为技术是这类企业的核心竞争力，也是保障企业的产品、服务、财政和制度等方面安全的第一道阀门。例如，网络硬件出现问题，网络运行被人攻击，数据传输和存储方面遭人窃取，这些情况都会导致企业损失惨重。例如，从互联网技术研究机构Computer Economics(电脑经济)公布的数据来看，全球范围内的计算机因为病毒感染就已经损失了107亿美元。如此庞大的经济损失，都是因为技术防范能力不够造成的。

（二）信息风险

网络经济不像传统企业那样主要出售实体产品，如出售车、房子或者生活日用品来获得利润。对于信息产业企业来说，它们的主要商品就是信息，如数据、新闻报道、金融交易信息等。在这种情况下，不法之徒很容易乘虚而入，不仅仅是因为企业在技术方面的防范能力不足，有很多时候也与人的防范能力不足有关。网上的诈骗行为、信息泄露等问题都威胁着人们的信息安全，尤其是涉及人身安全、财务安全和健康安全的信息，如果这些被不法之徒利用，那么后果不堪设想。

二、针对网络经济发展中存在的风险采取防范措施

（一）完善法律制度建设

当前我国针对网络经济犯罪的法律措施还不健全，很多时候即便是抓住了罪魁祸首也无法可依。这时候就要加强和完善我国的法律制度和顶层设计。对于我国的法律制定，专业人员和全国人大代表一定要先在意识上重视起来，然后借鉴外国的经验，不断深化对国情的认识和理解，根据我国的实际情况制定符合国情和市场情况的法条，并且加大执法力度，不让法条变成一纸空文。

（二）提高技术保障

对于信息企业来说，技术才是核心竞争力。这不仅仅要求企业的技术人员随时更新知识，保持对前沿动态的了解，同时也要求企业的管理层有防范意识，加强对软件系统的管理；实行后台中心统一管理，严格设定访问权限，让一切访问数据的行为有依据可查；主要防止病毒对于计算机的侵害，一旦发现就要立刻派专业人员进行抢修，之后配合防火墙使用，加固计算机上已经修复的补丁。最后，为了保证长久的信息系统安全，企业还要实行实时监测，对已经侵入系统的黑客和病毒采取严密的分析，总结规律，积极采取措施反

击和防范，并且设立通过各种报警系统，对出现异常情况的地方立刻关闭闸口，避免威胁进一步扩大。

（三）强化人们的风险意识

信息分享所带来的虚假信息、信息诈骗，很多时候与人们对这类陷阱的警惕性不高有关。如果有关部门能够加强宣传，增强人们的风险意识，提升人们的辨别能力，那么就很容易减少风险的发生。企业有必要定期举行培训，让员工了解当前常见的诈骗手段，普及这类事件的特点，并且在发现这类事件的第一时间反映给企业。企业应该建立黑名单，一旦发现这类事件立刻将其拉入黑名单中，有利于永久保障公司的信息安全。政府相关部门可以邀请国家信息网等相关部门，或者是公安局，针对网络诈骗、虚假信息、虚假广告等展开科普讲座，增强人们的普遍防范意识，净化人们周围的空间，还网络一片清风正气。

（四）寻求保险措施

企业一旦遭遇病毒或者是信息泄露等问题，很容易造成惨重的经济损失。为了挽救和弥补这样的损失，企业可以向专业保险公司投保。因为风险具有不可预测性，而且通常并非公司内部人员刻意导致的，所以企业在投保之后可以有效增强企业信息的安全性，同时也可以在经济方面得到一定的保障。对于类似的案例，国外保险公司早就启动了有关网络安全和信息安全方面的投保项目，我国相关企业可以借鉴同行经验，为网络经济的发展做出贡献。

随着近年来我国经济结构的调整，目前我国的第三产业已经成为国民经济的支柱性产业。在这种情况下，作为依托传统行业的网络经济来说，很有必要建立健全法律体系和法治监管体系，同时加大执法力度，让执法真正有法可依，有法必依。为了保证网络经济的发展，同时降低网络经济的风险，企业、政府、从业人员三方面都要做出努力，共同推进我国的网络经济发展。

第四节 网络经济的产业结构

在21世纪的网络经济环境下，网络经济是信息社会的经济，主要依据互联网实施资源划分、生产和消费等行为，应以现阶段网络经济的发展情况为基础，结合近年来信息技术和网络经济之间的关系，明确产业结构是网络经济发展的重点，明确网络经济对产业结构构成的影响，全面分析网络经济的产业结构特点。

经济全球化的急速发展和信息技术的全面应用，促使人类进入网络经济时代，不断创新人们的生活、工作和生产的形式，为社会经济的持续发展和优化人们的生活质量提供了依据，更为未来发展带来了全新的机遇。网络经济的持续发展已经成为现阶段世界经济和社会发展的主要方向，不断拓展网络经济、全面促进国民经济和社会信息化的发展，是构建现代化社会发展环境的重要方法，有助于达到工业化和产业化发展的目标。

一、信息技术和网络经济

在20世纪90年代，美国的社会经济得到了平稳的发展，经济增长率达到了4%左右，失业率低于5%，通货膨胀控制在3%左右，80%的工人不需要担心失业的问题。这一发展背景在传统意义上的资本主义发展历史中是不存在的。经济发展具备周期性，经济危机也在不断涌现。但是，美国的经济为什么可以持续发展呢？在20世纪90年代中期，美国第十三任联邦储备局主席艾伦·格林斯潘（Alan Greenspan）提出了"新经济"一词，这是因为"新经济"与以往经济的发展形势存在差异，在发展中的边际效益是不断提升的，所以美国经济可以持续发展，并且这一时期美国的失业率和通货膨胀率较低。同时，这一阶段世界经济发展和合作组织提出了"以知识为基础的经济"，其主要是以知识和信息的生产、划分和应用为基础的。直到现阶段，知识经济的理念依然得到了学界的支持，并构成了相对来说统一的理念。知识经济是依据新发掘、新理念以及分析、创新，以知识为中心的经济。在发展中不断创新，能够促使新的超越旧的，旧的逐渐退出市场，并让新的占据市场的重要地位。

在工业经济发展时代，高速公路是基础设施的重点；而在知识经济发展时代，数字网络是基础设备的中心。整体经济并不是依据地理位置进行设计的，而是依据网络位置进行操作的，网络空间是知识经济时代最为重要的内容之一。同时，计算机产业和通信产业是知识经济发展过程中发展速度最快的产业，而这些与网络技术相关的产业经济也构建了网络经济。网络经济发展的特点是以信息行业和服务行业为主导。网络经济的价值不但可以展现出整体经济发展效益，还可以为整体经济的发展创造全新的平台，促使整体社会经济得到质的飞跃。

二、网络经济对产业结构的影响

产业结构是指在经济发展中，各个产业部门的比重和关联。产业结构包含较多的内容，不但包括构建经济系统各产业部门所占的比重，还包括各产业部门之间的关联和各自的作用。结构和内容的改变对社会经济的发展有一定的引导作用。产业结构既可以展现生产结构和市场结构的改变形式，也可以展现社会结构和经济形态的改变形式。总体来说，网络经济对产业结构构成的影响主要分为三点。

（一）知识产业快速发展

知识产业已经成为引导国民经济发展的主导产业。网络经济自身就是一种知识产业，也是知识经济发展的中心，需要在知识经济发展背景下最先发展。计算机行业、软件业和电子通信业在近十年的发展速度特别快。随着网络技术和网络平台的发展，知识的传递速度越来越快。并且，受到知识共享性特点的影响，依托于网络共同开发也将成为发展的重点。网络可以将参与者整合到一起，构建庞大的智能团，促使新知识不断深化和落实。由此可知，网络可以让知识产业更快拓展。

（二）网络经济让传统产业具备轻型化和软化的特点

这一特点是指在社会生产阶段，体力劳动和物质资源的投资较少，脑力劳动的投资较大。在未来发展的社会经济中，网络是中心，每一个想要在市场中占据重要地位的企业都需要与网络结合，同时产业的内部资源也可以依据网络进行整改，促使产品的设计和销售等工作更具优势，在发展中最直接体现在产品的推广和销售工作中。

（三）产业间的划分模糊化

工业经济的重点就是制造业，在一般情况下划分的第一产业有农业和发掘业，第二产业有制造业和建筑业，第三产业是服务业。在现今社会环境下出现的信息产业，人们称其为第四产业，实际上，在知识经济时代，制造业和服务业正朝着一体化的方向发展，而信息业自身也与制造业、服务业相关，促使服务产业尤其是提供知识和信息服务的内容逐渐演变成社会发展的中心。

三、产业结构的发展方向

（一）构建不断优化的产业结构

一方面可以构建不断创新的民族文化，另一方面可以优化素质培训工作，并在发展中构建创新型市场系统，为企业创造优质的、宽广的经济环境。

（二）高起点发展知识产业

因为受到历史发展中各项因素的影响，我国错过了两次产业革命带来的机遇。而我国以往工业经济的劳动生产效率，是英国的1/30，是美国的1/36，是日本的1/40。世界整体经济发展出现了改变，从以往的工业经济发展向知识经济开始转变。因此，要优先发展信息产业。随着微电子技术、纳米技术等科技技术的应用，在卫星通信、全球定位系统、高速传输技术、多媒体技术、人工智能等科技不断创新的背景下，信息产业逐渐成为全球经济发展的重要内容，信息也演变为知识经济社会发展的重要因素。

（三）传统产业的知识化再造

产业结构一定要展现出和谐性，以往产业影响着一个国家发展的平稳性和持续性。若是以往产业得不到发展，知识产业的发展也将会受到资金和市场的约束，难以得到全面发展。随着网络经济的拓展，信息传递速度将越来越快。网络作为重要的信息资源，会增加人们的需求数量。一个优质的产品并不代表它是一个好的产品，只有符合消费者个性需求、知识含量高的产品才能得以长久推广。在网络经济发展背景下，所有产品都可以被模仿，只有企业自身不断创新，不断增加产品的知识含量，企业才能持续发展。传统产业的知识化再造将成为新时代发展的重点。

(四) 构建国际化的产业结构

网络经济的发展展现出两大特点，一方面是全球化，另一方面是信息化。在中国的发展历史中，跨国企业正在结合其国际分工系统优化中国产业。在中国加入世界贸易组织后，国内的产业调节成为发展的重点。对于传统产业，要有选择地调节；对于那些对国内经济发展和社会进步影响较大，或是具备强大国际竞争力的企业，要重点发展；对其余没有竞争力的企业，要选择放弃。

四、网络经济的产业结构特征分析

具备网络外部性特点的"网络产业"形成了大量的市场规律。在这些规律的影响下，企业的产业构成等都展现出了新的特征。在这一背景下进行分析可以看出，"新经济"在发展中是存在的，而且影响着社会经济和社会环境的发展。相应特征主要分为以下几点：

（1）一个企业可以自主选择技术，配备强网络外部性的市场，且是"赢者通吃"的市场。在市场当中，市场份额和利润水平之间存在一定的差异性。第一大企业的市场份额可以轻松达到第二大企业市场份额的多倍，而第二大企业的市场份额也会达到第三大企业市场份额的几倍。这种特殊的市场结构表明，就算 N 很小，第 N 个企业的市场份额也依旧是微乎其微。通过调查分析可知，如果市场中只有四个企业，在平衡发展的情况下，前三位企业的市场份额将会达到 64%、23% 和 8%，第四个企业占据的市场份额也只有 5%。这种形式下导致市场份额和利润水平存在区别，这是市场在网络外部性和非兼容性技术影响下的自然平衡的结果。新企业的进入难以改变现阶段的市场结构，致使竞争水平过低。同时，在位企业可以结合结构壁垒和方案壁垒获取更多的效益。

（2）在网络外部性的影响下，一个产品拥有的市场规模越大，其构成的网络收益也就越大，导致消费群体剩余和生产者剩余过多，也就是说垄断可以提升社会效益。由此可知，所有可以让市场均衡发展的影响方案都是没有意义的。若是构建一种全新的市场构成，最终的结果也只是让市场在新的发展水平中构建"不科学"的平衡。

（3）虽然市场的"不公平"是市场自身平衡发展的结果，在没有进入壁垒的背景下，竞争也无法整改市场结构，但并不是说竞争是微乎其微的。在发展中，成为市场的引导者的竞争是非常激烈的。企业可以结合成本领先和产品差异方案构建的优势，拓展发展规模，解决问题。在竞争激烈的发展环境下，具备优势的企业难以依据垄断定价获取垄断效益，只能依据技术创新和产品联合的形式构建兼容产品群体，有效地应用网络外部性，促使其可以规模化地发展。由此可知，创新是市场竞争发展的必然结果。

（4）高科技企业具备行业结构特征。对持续发展的我国高新技术企业而言，若是可以依据技术生态系统展现网络外部性的引导性，将可以在竞争日益激烈的环境下占据重要地位。对于政府而言，若是可以提出公平、公开和公正的政策推广环境，保持符合发展的垄断和竞争格局，将可以为产业发展和获取社会福利提供动力。

总而言之，随着我国网络经济的持续发展，信息化建设速度不断提升，必将会为国内外的投资人员带来更多的发展机遇和挑战。网络经济也将在发展中成为世界的主导经济，促使世界经济发展和社会整改。

第五节　网络经济与现代企业

近年来，人们都越来越关注网络经济，资金、人才和其他资源正向网络经济靠拢。随着网络经济的不断发展，网络经济也愈发地引发人们的关注和讨论。然而，目前来看，企业对网络经济的建设管理还是存在一些问题，影响了网络经济的发展，产生这种现象的主要原因就是企业对网络经济的认识不够，影响了企业对网络经济的管理。所以，企业要加强对网络经济的认识，以此有效地利用网络经济来促进企业的发展和进步。本节主要针对网络经济对现代企业的影响进行了研究，并提出了相关的建议。

一、网络经济的含义

网络经济是互联网经济和国民经济进一步整合形成的产物，通过企业内外的信息网络整理、整合各种信息资源设计和开发新产品、进行产品的制造和商品推销，都属于网络经济。网络经济相对于传统行业而言是一种全新的经济体系，更是一种全新的生产经营方式。网络经济的主要驱动方式是知识，知识是推动网络经济发展的重要力量，而互联网是网络经济发展的重要工具，没有互联网和知识便没有了网络经济。

二、网络经济下企业存在的问题

（一）对网络经济的认识不足

目前来看，大多数企业管理者对于网络经济的认识度不够，仅仅是认为网络经济无非是在网上买卖物品或者进行网络宣传而已，这样的认识是片面的。与此同时，很多企业管理者也并没有意识到网络经济对于企业的发展会增加什么样子的动力，他们对于网络经济带给我国和企业的机遇和挑战并没有正确的认知。在他们看来，网络经济并不会影响他们的日常生活和他们的企业，而只会影响目前为止已经开发并为人所熟知的新兴企业。网络经济不仅会对人们的生活造成影响，还会影响企业的内部管理，对企业日后的发展有很大的促进作用。最重要的是，网络经济在全球化背景下迅速发展，将改变现代企业的内部运作模式。

（二）现代企业信息化建设不足

目前，我国信息化建设还处于起步阶段，然而我国的网络经济却在飞速发展，这导致信息化建设和我国的网络经济产生了不协调现象。网络经济正在快速发展。但是，现代企业信息技术的发展非常缓慢，现代企业尚未将信息和网络建设升级到内部发展战略的水平。当网络经济提供机会时，如果企业不能及时抓住机遇，就将错失了网络经济为企业提供的市场机会。

（三）企业与网络经济结合不足

就目前的情况而言，我国许多公司都未能很好地与网络经济相结合。很多人狭隘地认为两者之间进行结合是错误的，是一种管理方式的偏离。这种错误观点主要是由于大多数企业对信息化建设缺乏足够的了解，网络信息和网络知识的普及并不到位。很多的企业家和企业的管理者对网络经济的理解仍处于表面，对网络经济的概念了解存在一定的局限性。即使部分企业设立了企业网站，大多数企业在建立企业网站后也都不关注日常维护和管理。

相关信息显示，在中国500家公司建立的企业网站中，85%的网站在6个月甚至更长时间之前发布了最新信息。大部分网站只有简单的产品图片和企业法人的照片，而且这些网站的结构内容也惊人地相似，都没有突出地对产品、企业文化和商业模式等进行介绍。

三、网络经济对企业生产和管理的影响

网络经济虽然是一种新兴的经济模式，但是对于现代企业的生产和管理都有着非常重要的作用。在网络时代，经济全球化的步伐日益加快，而网络经济就是经济全球化的具体表现，一个企业如果渴望继续成长，迎接经济全球化的浪潮，就必须根据网络经济改变企业的生产和管理方式。网络经济的生产和管理方式目前已经成为全球最流行的几种最有成效的企业管理方法之一。

当下，在我国网络经济对现代企业的主要影响有以下几个：

（一）对公司发展方式的影响

在信息化的今天，我国的经济体系已经从传统的垄断行业转向开放型的市场供应，大规模的整体的流水线生产和成批量的买卖已经逐渐被市场的其他发展模式所改变。在目前的网络时代，如何满足消费者的需求，让消费者喜欢自己的产品已经成为主流。没人会在意谁的厂子更大，谁注册的资本更强，谁的老板更有知名度，而是聚焦在谁是第一个满足最终消费者合理的消费需求的人。谁能够在短期内打出自己的品牌，赢得客户的满意度，增强客户的黏性，谁就是最后的赢家。

（二）对业务运营的影响

网络经济改变了传统的业务运营方式。相较于传统行业，网络经济可以摆脱传统交易和地域的限制，降低成本。当前，我国网络主要有三种较为标准的模式：①买方交易，买方利用自身强大的购买能力，通过网站直接与卖方或者中间商进行交流，形成一种公平的交易模式。②卖方模式，即卖方建立供应网站用以方便买方的购买。③单一产品供应商模

式，卖方可以利用这种方式大量推送同种类的产品。

（三）对生产组织的影响

网络经济的出现会对我国企业的生产组织结构造成影响，并对传统的生产组织结构造成冲击。目前，网络经济下的生产组织结构是设计和生产互不干扰的，真正的企业只负责产品的设计，并对生产出来的产品进行营销。对于其余的生产部分，企业会进行生产的外包，由生产企业去负责产品的生产。这样的生产组织将会为企业节约大量的精力，避免企业生产受到限制，同时节约大量的人员专注于研发产品，提高了消费者对于产品的满意程度，更有利于企业的快速发展。

四、解决企业适应网络经济问题的对策

（一）管理模式创新

建立治理概念，主要体现在以下两个方面：①制订合理的管理计划，使员工能够最大限度地发挥自己的才能。在此基础上，员工会更加规范自己的行为，进行科学、有效的工作，从而最大限度地降低成本。②改善员工的观念，跳出个人的经验概念，努力改进和创新，积极挖掘员工大会功能，让员工升华自己，提高自身的工作能力。并且，在管理实践中，要让员工自身参与企业治理，以此来实现民主治理，充分发挥各级志愿者的潜力，帮助企业制订有效的管理方案。

（二）治理制度创新

如今，企业不断发展，网络市场规模不断扩大。在这种现象下，企业的内部治理越来越复杂，而且市场需求和消费者需求却在不断增加，并且速度越来越快。这就要求企业管理者提高对需求变化的敏感性。企业管理者要提高对市场需求的敏感性，就必须积极学习先进的治理技术，合理利用信息技术，提高企业效率。现代信息处理技术可以有效改善企业治理中的重点难点，提高领导者的管理水平和治理水平，带动企业快速发展。

（三）治理体制创新

一个企业要想进行改革创新就必须进行治理体系的创新，尤其在网络经济的今天，只有当企业的治理体系发生改变时，才可以更有效地完善企业的内部框架，合理地设置企业内部各个职能部门之间的相互联系。一个企业只有拥有良好的企业制度，才能更好地赏罚分明，为企业的健康发展注入新的活力。

在澄清企业财产来源和经济所有权关系的基础上，企业应该真正地明确企业的法人地位，真正地建立一个企业治理系统，清楚地表明公司投资者、董事会、经理以及其他内部和外部角色的权利和义务，有效地将按劳分配与按资分配结合起来，从而更好地进行企业治理。

（四）组织概念创新

过去一成不变的组织模式已经被越来越灵活的组织模式所取代。组织模式如果过于陈旧，则很容易被其他新类型的组织所取代。在网络时代的今天，企业管理者应该通过学习型模式来改变传统的组织模式，因为学习型模式可以帮助成员共同学习并带动企业的发展，赶超企业的竞争对手。

当今社会的知识正在迅速发展，知识的种类在不断增加。知识量在迅速增长，知识内容也在不断更新。一个企业要想发展得更加快速，就需要企业管理者不断地充电，不断地积累知识。企业管理者只有不断地学习，不断地研究新的知识才能更好地为企业发展指明方向。另外，企业员工都应积极进取，努力超越自我，不断地提高自身的知识储备，为企业的健康发展贡献自己的力量。

（五）战略理念创新

战略理念创新是现代企业进行模式创新的一个重要组成部分。企业的管理者要善于发现网络市场中的机遇和风险。面对日益复杂的网络环境，企业管理者必须不断改变整个企业的目标、企业的文化、企业的整体战略，在不同的时间改变企业的战略目标适应当今的环境。企业还应改变传统的刚性战略手段，采取怀柔的战略举措，积极地学习先进的技术，让企业可以更好地适应当今的市场环境，增强企业的生存能力。

目前，网络经济还是一个新兴的经济体系，在现阶段并没有达到成熟。但是，在经济全球化日益快速发展的背景下，网络经济将会更好、更快地进行发展。在日后，网络经济将成为全球最大的经济体系，发展将对原有的经济体系进行改进，改变传统的企业运营模式。网络经济围绕着知识的核心，依赖于网络信息。这在很大程度上拉近了服务提供商与消费者之间的距离。随着网络化进程的不断加快，网络经济终将成为衡量一个企业成功与否的重要的评价标准。

第六节　网络经济与国际贸易

互联网技术的不断发展给电子商务发展带来了一定的机会，网络经济随之迅速兴起，这给传统的国际经济贸易带来了一定的影响。网络经济主要围绕着互联网而发展，也给国际贸易发展带来了全新的挑战。基于此，本节主要针对网络经济下，对国际经济贸易所产生的积极和消极影响进行详细阐述，以供参考。

随着我国经济的不断发展，网络经济成为我国经济的重要组成部分，在某种程度上，甚至替代了我国传统经济发展的模式；同时，也给国际经济贸易带来了机会。由于网络经济受网络环境各方面的影响，对国际经济贸易产生的影响不可忽视。近年来，结合电子商务发展趋势可以得出：我国过度依赖电子商务。所以，我们要客观地分析网络经济对国际贸易发展的影响。

一、网络经济对国际经济贸易的积极影响

（一）提高效率，节约成本

传统贸易主要依靠人工进行贸易操作，但这种形式受区域、交通、时间等方面的影响，会消耗大量的人力、物力、财力，而且所获取的效果不是很好。网络经济能够不断地优化国际贸易流程，充分利用电子商务的企业对企业（B2B）、商对客电子商务模式（B2C），将企业与个人联系在一起，与传统贸易形式相比，简化了商家、关税等环节。与此同时，在线支付等形式的出现，对于商品交易来说，不仅节省了时间，也节省了成本，同时也提高了国际经济贸易的效果。

（二）丰富经济贸易形式

传统贸易的发展受多个因素的影响，市场开展难度较大，网络经济的出现能够解决这一问题。随着互联网技术的不断发展，世界各国开始朝着同一个利益方向发展，形成了一个利益的共同体。与此同时，在市场环境下，出现了电子商务贸易这一形式，这对于国际经济贸易发展来说，具有重要的作用。在互联网平台上，消费者可以进行支付并与商家交流；商家也可借助此平台对相关产品进行营销，这给消费者和商家带来了方便，从某种程度上来看，这就是经济贸易的新形式。

（三）加剧了贸易全球化

传统贸易的地域色彩比较严重。受地域的影响，在传统贸易中，当某个商品交易成功后，商家很难看到相关的售后信息，国家经济贸易只能在特定区域内进行。随着网络时代的到来，互联网技术得到了广泛的应用，使信息的传递范围更加广泛，信息可以在世界范围内传递。同时也有了各种各样的交易模式，打破了传统区域范围的局限，逐渐开始进行跨国和跨洲贸易，在全球范围内，形成了一个贸易交易市场。在网络经济背景下，也促使各国之间经济上的往来更加密切，网络传媒改变了传统传媒，给各国在信息交流上带来了方便。

二、网络经济对国家经济贸易的消极影响

（一）我国物流发展滞后

在网络经济下，对产品交易来说，物流是非常重要的一部分。在电子商务中，当对产品进行交易时，在通常情况下，将产品快递到客户手中，客户可通过查询物流信息看见快递流程。所以，在网络经济环境下，经济贸易发展离不开物流产业的发展。但是，物流业缺少相关物流体系，也缺少相关的人才，没有确立物流企业与贸易企业之间的战略协作关系。在某种程度上，会对网络经济增长速度产生一定的制约，不利于国际贸易更好地发展。

（二）国际贸易风险度增加

网络时代的到来打破了贸易时间和空间的限制，使商品的支付方式变得越来越多样化。在某种程度上，国家经济贸易效果获得提高。但这些贸易的实现离不开互联网技术，也避免不了黑客和不法分子运用互联网技术进行一些不法交易，这给国际贸易增加了一定的风险。基于此，企业要进行相关防范工作，防止网络经济贸易发生风险。

（三）电子商务人才流失

在网络经济背景下，国际经济贸易的发展不仅仅要依靠网络技术，还要进行人工操作。随着我国电子商务的不断发展，对人才的培养力度不够；结合电子商务高素质要求，缺少相关人才，也不能够满足人才需求，这直接影响了我国经济贸易的发展。此外，相关数据显示，我国高校电子商务专业的学生的就业率不高，这严重限制了我国国际经济贸易的发展。

三、网络经济促进国际经济贸易的对策

（一）开展全民宣传，普及互联网知识

当前，我国大多数的经营主体是私营企业，这些企业都是个体经营户，都是白手起家一点点打拼出来的。但是，这些企业没有有效地学习现代电子商务，也没有高度重视电子商业，这种情况对于电子商务发展会产生一定的影响。相关政府部门要从宏观角度出发，开展一些教育活动，以互联网为主题，为民众普及互联网相关知识，使一些小型企业能够充分认识互联网经济的无限商机，更加客观地了解传统经济贸易的不足之处，树立小企业的信心，通过电子商务，将小型企业的产品推广到更大的领域中去，进而使小型企业获得更多的经济效益。

（二）加快产业升级，引领新技术创新

在国际贸易发展的层面上，企业在新的市场竞争背景下，如果想要获得更多的市场份额，就必须用心调整自己的产业结构，尤其是对于比较落后、单一化产品，要将产品的多功能性、高附加值、市场潜力给挖掘出来，因为这也是产品的发展目标。与此同时，我国企业对先进网络技术一定要高度重视，将技术领先优势发挥出来，将行业领域与高新技术的契合点寻求出来，不断突破技术关口，进而将其转化成企业发展的前进动力，并不断创新传统模式、升级和改造相关技术，从而使企业能够更好地优化和升级产品结构。当然，政府部门还要将市场经济的宏观主导地位发挥出来，运用科学配置网络时代的市场资源，进而在技术创新中将知识资源优势更好地体现出来。企业只有对自身产业不断进行升级，对产品营销结构进行优化，才能在国际竞争中占据重要地位。

（三）强化基建，优化互联网运行环境

近年来，在市场竞争力方面，我国要不断加强信息化基础设施建设。我国在互联网方面虽然取得了进步，但是还有着不足之处，所以，一定要加强互联网时代国际经济贸易发

展，在必要时建设信息化基础设施，为构建大型骨干网路集中优势资源，并合理地规划国际网络的出入口数，还要不断扩充互联网的内载容量，从而使网路传输速率获得提高，进而提高网络覆盖率。

（四）加强部门之间的通力合作

在网络经济背景下，对于国际贸易来说，为了实现电子商务，各个部门之间要相互配合、相互协调。随着网络经济的不断发展，电子商务发展也受到了一定的影响，如网络结算和网络安全对网络贸易效果会产生直接影响。将国际贸易与其他商贸活动相比较，其不同之处就是相关业务比较多，如整个交易过程涉及保险和运输等。基于此，为了实现我国经济贸易电子商务，各个部门之间只有紧密配合，才能够更好地实现网络经济和电子商务，才能够为国际贸易带来更好的发展前景。

（五）提高科技含量，不断突破技术改造和创新

网络经济发展对企业提出了较高的要求，要求企业高度重视自身科技含量，从而使企业创新技术水平获得提高。企业如果能够高效产出具有类似功能的产品，不断提高产品的核心竞争力，就能够在生产销售中占据重要地位。在互联网时代背景下，企业要对相关建设必须创新。大多数发达国家经济之所以能够领先，是因为其能够不断突出创新意识，有着较强的创新能力。基于此，我国要以科技为发展基础，不断提高经济贸易水平。国际经济中多元化的贸易创新对国际贸易的深度会产生直接影响，我国对市场经济中创新要求和科技发展规律要不断创新，并构建创新机制。企业在生产经营层面，必须高度重视新技术和创新思维，将建立机制逐渐推广到创新中，加大力度投入科技创新，拓展科技创新人员队伍。

（六）加快企业的信息化进程，大力培养专业人才

我国企业应该建立企业的信息化系统，使企业的管理效果不断提高。除此之外，结合当前人才匮乏严重的问题，企业必须引进优秀人才，重视相关培养工作，可以引进一些对电子商务比较精通的管理人才，培养他们的业务技能和计算机应用能力。在条件允许时，可以将这些人才的薪酬水平加以提高，使企业对专业人才的吸引力有所提高，这也为企业顺利开展电子商务做了铺垫。

当前，网络时代的到来给企业发展带来了一定机遇。企业为了提高国际贸易竞争力，必须高度重视信息技术的研究和应用，并要有效地开展电子商务，从而使我国与发达国家的差距有所缩小，促进我国在激烈的国际市场竞争中占据重要的地位，进而使我国的国际贸易整体经济水平获得提高。

总而言之，新时代背景下，网络的出现不仅给人们带来了便利，更带动了经济的发展。网络经济已成为现代经济结构的一个重要组成部分，对国际经济贸易产生了极大的影响。在网络经济环境下，深入研究网络经济对国家经济贸易的积极影响和消极影响，推动了我国经济的稳定发展，也促进了国际贸易的健康发展，进而实现了网络市场经济健全发展的目的。

第二章 网络经济的发展

第一节 网络空间的发展特点

当前,互联网和人们的日常生活息息相关,互联网已经成为许多人学习、工作和生活必不可少的一种工具。互联网日渐发展让各类人群开展形式多样的活动,进而使得各个群体的日常学习、工作和生活变得更加丰富多彩。2020年9月29日,中国互联网络信息中心(CNNIC)发布第46次《中国互联网络发展状况统计报告》(以下简称《报告》)。《报告》指出,截至2020年6月,我国网民规模达9.40亿,较2020年3月增长3625万;互联网普及率达67.0%,较2020年3月提升2.5个百分点。

伴随着现代网络技术的快速发展和新时代人们对网络空间交往的积极参与,网络空间已经作为一种新的网络空间信息形态,得到了人们的普遍认可和广泛关注。因此,有许多学者又对此类网络空间做了结构性分析。有人把网络空间视为一个三层次的结构,包括:①最下层的物理层,即构成网络信息系统的物质性基础。②中间的语法层,即系统设计者与使用者发给机器的指令、程序以及机器之间彼此交互所依赖的协议等。③最上层的语义层,主要是指机器所含的信息以及一些服务于系统操作的信息。也有学者把它归类为物理层、协议层、逻辑与代码层、内容层和关系层五个层次。由此可见,到目前为止,"网络空间"这一概念在学术界仍没有一个统一的内涵,从不同的维度对其进行理解和划分,所得到的结论也必然不同。

网络空间的形成是互联网发展的必然结果,人们基于互联网建立的沟通交流机制是网络空间逐渐扩大的重要动力。掌握网络空间的发展特点对于推动未来网络空间持续向好发展具有重要作用。

一、网络空间的虚拟性

"虚拟"一词从词义上进行理解有三层含义:一是指一种在实际上不存在,以子虚乌有为表现的事物;二是指事物中所蕴藏的潜在的可能性;三是指一种事物在现实中存在,但是它的作用并没有得到有效发挥,或者说该事物的作用已经得到了发挥,但因为发挥的效果不理想、取得的结果不被大家所认可而被视为"虚拟"。网络空间的虚拟性也要求每个人要运用辩证思维看待网络空间。每个人在日常生活中都会或多或少地利用互联网，很多人通过互联网在网络空间中与他人联系交流，同时也在网络空间中进行信息共享，最终为自己的学习生活提供便利。网络空间蕴含着无限的发展潜能，因为网络具有无限性，所以人们可以从互联网上获取大量信息资讯。一方面，这些信息资讯中有的是先进、积极、健康的，将在一定程度上促进个人的发展，为个人以后的幸福生活打下坚实的基础。另一方面，这些信息资讯当中也有落后、消极、腐朽的部分，这些内容将会对个人的成长产生阻碍作用，成为束缚个体发展的枷锁。

人们每天都生活在网络空间下，网络空间的健康协调发展与每个人都息息相关。要想真正保证网络空间的良性发展，就需要各个监管部门密切沟通、全面配合并且加大监管执法力度。网络空间为大家的日常生活、学习、工作建构了一个虚拟的平台，由此使得许多网络诈骗、网络犯罪案件层出不穷。加大对非法网络空间的监管力度以及加大对网络空间犯罪的依法惩罚和打击力度也显得尤为重要。

二、网络空间的开放性

所谓世界互联网的开放性是指互联网的技术水平决定了文字信息可以呈开放式传播，一切文字语言信息可以尽可能地扩散到网络可以直接达到的任何地方，模糊和打破了时间与空间、现实与未来、真实与想象、本真与仿象、实在与虚构、静态与动态、平面与立体、城市与乡村、国家与国际等之间的界限和边界，具有极大的超越性，创造了一个任何形式的信息都能够自由翱翔的无限领域，即所谓的"赛博空间"（Cyberspace）。互联网的传播开放性在一定程度上与网络空间的主体开放性紧密相连。互联网的主体开放性为我国网络空间的开放性发展做出了一定的贡献：网络生产的主体社会性和目的性丧失在系列性中仿佛压倒了历史。在网络空间开放性的作用下，一些群体在知识和文化的相互交流、学习中寻求发展，在先进信息的选择传递中得到提升。

与此同时，正是由于网络空间具有开放性的特点也导致带来不良影响的网络信息对人的思想和行为、社会稳定发展产生严重阻碍，因此需要不断提高人的素质。网络空间仍然是正在不断蓬勃发展的新生事物，网络空间的发展还存在很多不确定性。要想做到有效保证网络空间的健康、稳定发展，就需要不断提高人们对不同性质文化的认识能力和辨别能力，增强个人抵御传统落后文化和腐朽文化侵蚀、渗透的能力，个人自觉、主动学习并接受先进文化的教育熏陶，努力让自己成为监督网络空间健康发展的"眼睛"。

三、网络空间的普遍性

在网络空间长期发展、日益壮大的前提下，有越来越多的人在日常生活中无时无刻不在运用网络，网络已经成为大家日常生活中不可或缺的一部分。依靠网络为基础的网络空间也在很大程度上影响了人们的学习、工作和生活。网络空间的普遍性加强了人与人之间的联系，促进了人与知识的相互作用，增进了人与文化的相互影响，深入了生活的方方面面。在网络空间的普遍性的作用下，人们往往通过手机、计算机、电视等传播媒介就能够获得许多信息，从而真正实现"足不出户，便知天下事"的目标。这不仅大大提高了人们获取信息的能力，也在很大程度上让大家的幸福感得到增强，便利了人们的生活。文化的传播形式更加丰富多样，最终也将增强民族自尊心和自信心，增强民族凝聚力，真正做到道路自信、理论自由、制度自信、文化自信。发明万维网的蒂姆·伯纳斯·李 (Tim Berners-Lee) 就曾这样说："我对万维网抱有的理想就是任何事物之间都能潜在地联系起来。正是这种理想为我们提供了新的自由，并使我们能比在束缚我们自己的等级制分类体系下得到更快的发展。"

世界上的一切事物都是矛盾体，同一事物既存在有利因素也存在不利因素。为了保持网络空间的健康发展，网络空间需要充分利用普遍性所包含的有利因素扩大国家正确思想意识的影响力，建立与中国特色社会主义核心价值观相符合的本国主流思想意识。价值观是人生发展的向导，公民树立起正确价值观是社会发展进步的重要保障。而马克思主义是符合我国发展实际的重要思想，在我国历史进步的各个阶段贡献着力量，对于这一思想的宣传需要成为网络空间的任务之一。

四、网络空间的快速性

网络空间的普遍性不仅加强了各事物之间的联系，改变了原来信息传播的方式，也大大提高了信息传播的速度。在古代，信息的传播主要通过人力进行，无论是什么样的信息，都需要有专人骑马从发信人所在地区传递到收信人手里。这一路上不仅存在着信息泄露的风险，也极大地消耗了人力、物力，并且很多时候等信息传递完成以后，该信息的有效性也大打折扣。到了近代，虽然出现了大型邮局，但传递信件的各种方式还是呈现出效率低下的特点，信件的快速传递往往受接收地区交通状况的严重制约。生活在交通不便的偏远地区的人们，想要快速获得信件还得花费很多的往返时间和出行精力，这也在一定程度上直接影响了信息的传播范围和传递效率。之后，有线电话的出现为信息的传递打开了一扇新的大门，也在很大程度上提高了信息传播效率。但在以前的时代背景下，拥有有线电话的人毕竟只是少数，这与个人的经济实力和社会地位息息相关。长此以往，富人与穷人之间的信息传递差距将越来越大，最终会威胁到社会的和谐稳定。总体而言，依靠有线电话进行信息传播这一方法效率依然不高。现今，随着移动互联网的不断普及，网络空间愈发完善，新时代信息传播的主要媒介变成了网络。在一般条件下，人们仅仅需要打开手机进行搜索就能很快得到搜索信息有关的结果。对于信息的及时传播或者交流，人们只需要轻轻按下一个发送键便能实现，信息甚至可以传递给整个社会。在今天，面对移动互联网的快速、迅猛发展及其带来的深刻社会变革，有一些学者明确指出："互联网给中国最大的价值与意义在于内在价值观和文明观，就是崇尚自由、平等、开放、创新、共享等内核的互联网精神。"

在建立互联网精神的基础上，网络空间应正确看待自己的位置，自觉成为切实保障党和国家信息安全、稳定的重要技术支撑，做好落实国家大政方针政策的弘扬者、传播者，将实现社会效益与自我经济效益相结合，将实现社会效益放在首位，为加快实现我国建成富强、民主、文明、和谐、美丽的社会主义现代化强国的这一奋斗目标不懈努力。

五、网络空间的受众针对性

在当今社会生活中，网络空间的受众越来越呈现出广泛性的特点，每个人的生活都深受网络的影响。老年人可以利用网络上的视频和新闻推送快速地了解社会发展变革。学生在日常的学习生活中也离不开互联网。教师的课堂教学在一般情况下也是通过多媒体进行的，学生课后作业的完成也借助互联网搜索有关资料，作业辅导类应用软件也在很大程度上顺应了学生的学习需要。例如小猿搜题、作业帮等软件可以针对学生在作业中遇到的各种问题提供解决参考，让学生能够自主学习、纠正作业错误，最终提高学生的作业完成质量。并且，在互联网上有很多针对学生这一受众群体的网站，网站上有大量教学视频，有利于学生在课下结合自身实际有选择地进行学习。网络空间的针对性这一特点可以让受众的个性需要得到满足，对于学生而言，有利于体现教育因材施教的原则，培养学生的主观能动性；对于各行各业的工作者而言，网络空间的发展极大地提高了办公效率，使办公场域变得灵活多样，不再仅局限于办公室，也让在家办公变成了现实；对于年纪相对大的老年群体而言，网络上提供的信息可以丰富他们的精神生活，让他们在信息呈现方式"多姿多彩"的各类平台上仍能继续学习。

同时，为了推动网络空间的进一步发展，需要在已有受众针对性的基础上提高内容丰富性。对于学生而言，网络空间除了给学生提供自我学习理论知识的平台以外，还应该给学生提供实践平台，如可以为学生提供培养各类兴趣爱好的网络平台。对于工作者而言，网络空间不仅要给他们提供办公的网络空间，也需要提供满足他们继续深造需要的专门平台，促进他们持续向好发展。对于老年群体而言，网络空间除了给他们提供信息获取的平台以外，还可以为他们设立专门的健康咨询平台，为老年群体的生理、心理健康问题提供一定的解决建议。

综上所述，网络空间技术作为新的信息时代背景下的重要产物，必然要经历从低级到高级、从简单到复杂、从量变到质变的一个发展进化过程。网络空间的发展与国家的政治经济发展密不可分，网络空间的发展需要国家在政治、经济方面给予保障和支持，政治、经济为网络空间的发展提供了推动力，网络空间为政治经济的进步奠定了技术支撑。网络空间本身具有虚拟性、开放性、普遍性、快速性，以及针对受众提供不同需要的特点，这些特点之间既有联系也有区别，掌握它们之间的关系将有利于营造健康向上的网络氛围，更快、更好地推动科学技术的发展。

第二节 网络经济发展的异质性

2020年12月的《中国互联网络发展状况统计报告》指出，我国网民规模突破9.89亿且互联网普及率达到70.4%，互联网技术的广泛应用以及网络设施的全面建设有效赋能网络经济发展。与此同时，平台交易模式和数字支付的兴起亦为网络经济推广和普及提供了重要契机。现阶段，网络经济规模的增长率长期保持在20%以上且在我国国民经济中占比接近40%，网络经济俨然成为我国缓解经济下行压力和在新常态下发展转型的重要驱动力。无疑，网络经济的快速发展引领了新一轮的"消费变革"。具体来说，在消费模式方面，线下消费和实体交易转变为线上消费和平台交易，消费更加便捷；在消费选择方面，多元化产品和个性化产品得以有效提供，选择更加多样；在消费成本方面，消费活动突破时空局限，节省了外出成本和时间成本。基于网络消费模式的便捷性和低成本特征，网络经济发展能够有效提升居民消费意愿和实际购买能力，从而发挥消费扩容提质的积极作用。但值得注意的是，受制于消费群体间的消费能力、消费偏好和对网络消费的接受度等异质特征，网络经济发展所引致的消费效应在不同消费群体间亦可能存在较大差异。从现实环境来看，得益于互联网教育的普及，青年群体对于网络购物的偏好性相对较高，而中老年群体一方面保留了传统线下消费的思维惯性，另一方面则受到网购平台操作不熟练和互联网使用较少等外部条件的约束，导致其网络消费参与度相对较低。因此，考察网络经济发展对于异质性消费群体消费的影响，可基于这一差异化特征设定营销策略并挖掘消费潜力，从而以网络经济发展带动内需型经济建设。

聚焦网络经济发展背景下的居民消费变迁，多数研究认为网络经济的蓬勃发展为扩大消费支出和改善消费质量提供了重要契机。Chocarro和Yang提出距离和服务水平等是影响消费渠道选择的重要因素。不难理解，相较于传统的实体销售和线下交易模式，网络经济所引领的平台交易模式既为消费者提供了多元化、个性化的产品服务，同时能够基于便捷操作和完善的物流体系节省消费成本和提升购物效率，从而更加符合消费者的偏好选择。一方面，网络经济发展能够扩大居民的消费支出。刘湖和张家平研究指出网络经济能够有效地带动城镇居民的消费支出扩张；邹发伟则基于贸易流通和产品营销等路径指出，网络经济发展能够显著促增消费支出，而互联网基础设施的普及则进一步扩大了这一促增效应。另一方面，网络经济发展有助于居民消费升级提质。余文涛和吴士炜认为互联网平台经济的发展能有效推动行业生产效率变革，有助于降低产品价格和提升劳动工资水平，进而通过提高居民实际购买力反作用于互联网平台经济。

网络经济发展所引致的消费效应，不仅取决于网络经济水平，同时也与消费者自身特征密切相关。徐木容认为尽管网络经济发展能够有效地满足居民消费的个性化、即时性和多样化需求，但教育背景、经济能力和思维方式的不同能够导致差异化的消费偏好和消费观念,在网络经济发展初期,存在着较为特定的网络新型消费群体;文建东和蔡智全通过考察不同年龄段消费者对奢侈品的需求,发现异质性消费群体的选择倾向存在显著差异;林宝灯和姚金丽针对中老年群体在网络消费中滞后的现状,依次从网站形象、感知价值和支撑保障三个维度明确了中老年群体网络经济市场的建设路径;孟家安重点探讨了互联网经济对于学生消费群体的影响,结果表明互联网经济发展能够影响居民的消费习惯和消费观念,诱发"超前消费"和"无度消费"等一系列问题;黄战功基于业态创新层面、消费动机层面和品类需求层面发现单身群体对于网络零售业态的转型升级具有较强的推动力。

基于上述分析不难发现,既有研究普遍关注网络经济发展对居民消费的整体引致作用以及对单一群体消费的影响,但鲜有研究将网络经济发展作用于异质性消费群体的对比分析纳入统一的分析框架。同时,网络经济发展下消费效应发挥的具体影响因素也有待明晰。基于此,本节构建网络经济发展影响异质性群体消费的机制分析框架,进而分别以年龄、收入和城镇地区作为依据划分消费群体,采用中国家庭追踪调查(CFPS)数据开展实证分析。

一、研究设计

(一)机制分析

网络经济能够依托便捷的交易平台和完善的物流体系有效地实现消费的个性化、即时化、多样化、信息化和便捷化,从而推动居民消费支出规模的扩张和消费结构质量的升级,但消费群体自身异质特征的存在却使得网络经济发展对于不同消费群体的异质消费的影响有所差异。消费群体的异质特征表现为多方面的不同,包括成长环境、教育背景、职业特点、经济收入和网络操作能力等,进而导致网络经济背景下居民消费行为出现差异化。

1. 成长环境差异

成长环境的不同对于消费群体的选购思维具有潜移默化的影响。处于物质产品相对富足、社会文明程度较高时代的年轻群体往往具有乐观和超前消费的特征,倾向于选购价格更高和质量更好的产品。不同的是,对于生活环境艰苦的消费群体而言,一方面消费意愿相对低迷,另一方面则偏好廉价产品。无疑,网络经济发展进一步加剧了不同消费群体的"马太效应",形成网络奢侈品消费和拼购低端消费的分化。

2. 教育背景差异

消费者所接受的教育程度不同能够形成差异化的消费观念,对于高学历群体而言,其对于网络经济发展的认可程度相对较高,消费态度更为开放,同时服务型消费、享受型消费和超前消费等观念偏好往往更加强烈。与之相反,文化程度相对较低的消费群体理性的、系统的消费观念则相对落后,对于网络经济发展的认识不足,认可度、信任度相对较低,而且廉价消费和低消费、高储蓄等观念长期存在。

3. 职业特点差异

异质性消费群体所从事工作的不同亦可能导致网络消费的不同偏好的出现。对于从事互联网行业、高新科技产业和新兴服务业等行业的群体而言，其职业经历与网络经济发展密切相关，其日常消费活动往往更倾向于网络购物，而长期从事传统行业的消费群体由于缺乏与网络经济活动的日常关联，相较于网络消费可能更偏好传统的实体店消费和线下交易。

4. 经济收入差异

经济收入差异是影响不同消费群体实际购买力的基础因素，也是导致出现群体消费异质特征的关键所在。对于高收入群体而言，网络经济发展进一步拓展了其消费渠道，有助于其高端消费支出规模的扩大；低收入群体亦在网络经济发展过程中有所受益，拼购经济和共享经济的发展有助于节省消费支出，而网络消费的产品多样化和物美价廉则进一步提升了低收入群体的消费质量和消费能力。

5. 网络操作能力

参与网络经济活动需要以互联网知识学习和网络平台操作为前提，对于青年群体而言，得益于互联网教育的推行，他们能够通过手机和计算机等终端平台熟练操作并完成网络购物等活动；然而对于中老年群体而言，由于学习能力下降和缺乏互联网技能培训，他们普遍面临平台操作不熟悉、信任缺乏和接受程度较低等问题，从而降低了他们参与网络消费的积极性和主动性。

（二）变量选择

1. 被解释变量——消费水平（Y）

本节选取 2017 年居民总消费支出来表示。为有效地克服外部条件的影响，本节在分析前对家庭消费支出进行处理，剔除之前曾经长期处于国家法定贫困状态和被认定为需要接受社会保障和政府补助的家庭，以确保分析的客观性。

2. 核心解释变量——网络经济发展水平（IE）

由于调查问卷中缺乏直接的网络消费情况统计，而设定有"是否上网"这一问题，考虑到上网需要以电话线、局域网和无线网等网络基础设施为基础，而这亦是参与网络消费活动的前提，因此本节选用"家庭互联网使用与否"作为替代指标，即 IE=1 意味着参与网络消费，IE=0 则意味着未参与网络消费。

3. 控制变量——受教育程度（EDU）

受教育程度按照个体所接受教育的最早水平划分为五个等级，分别是 1（未接受教育）、2（小学）、3（初中）、4（高中）和 5（大学）。其中，高中包含职业高中、普通高中和中专技校等不同层次的教育。婚姻状况（MAR）大体分为 0（未婚）和 1（已婚、离婚和丧偶等）。健康水平（HEL）按照受访者既有的疾病史和健康自评划分为五类，依次是 1（很不健康）、2（不健康）、3（一般）、4（健康）和 5（很健康）。

二、实证结果分析与讨论

（一）网络经济发展对整体居民消费的影响

在对网络经济发展如何影响异质性群体消费进行检验之前，本节首先考察网络经济发展对居民整体消费的影响，并通过依次加入控制变量的方法检验实证结果的稳健性。不难看出，网络经济发展对于居民整体消费支出具有显著且稳健的促增效应。同时，教育程度的提高亦有助于提高居民的消费支出，健康水平虽然系数为正但并不显著，意味着身体健康尚未能有效地促进消费增加，而结婚与否则对居民消费具有潜在的抑制效应。不难理解，婚后家庭生活压力增大往往会促使消费者节省消费开支。进一步地，考虑到变量间潜在的内生性关系以及网络经济发展与居民消费间可能的双向因果关系，本节参考吕宁等，所使用的"互联网在信息获取中的应用程度"作为网络经济发展的工具变量，以期能够稳健地考察网络经济发展与居民消费的关系。结果显示，工具变量法结果同样显示网络经济发展能够显著促增居民消费。

（二）网络经济发展对异质性消费群体的影响

进一步地，本节分别考察网络经济发展对异质性群体的消费效应。根据消费群体的年龄段来看，网络经济发展对青年群体、中年群体和老年群体具有一致的消费促增作用，但对于三者的促增强度却呈现依次递减的态势。其中，网络经济发展对于青年群体消费的影响系数为0.1542，要显著高于对中年群体的影响系数0.1065和对老年群体的影响系数0.0069。值得注意的是，网络经济发展对老年群体消费的影响系数为正但并不显著，即网络经济发展现阶段尚未能真正有效地拉动老年人消费增加。究其原因，青年群体对于网络经济的接触度更高，同时持有更为乐观和开放的消费态度；而老年群体则与之相反，传统的实体店消费和线下交易观念根深蒂固。另外，老年群体对于网络平台操作不熟悉，以及对网络经济的认识度、信任度不高等同样抑制了老年群体在网络消费中的参与度。

对于不同的收入群体和城镇群体，网络经济发展均呈现出较为显著的消费拉动作用。对比来看，网络经济发展对于高收入群体和城镇群体的消费促增效应强度更大。造成这一差异的可能原因在于：一方面，收入水平的高低决定了实际购买能力，而网络经济的发展进一步拓展了消费渠道和产品选择，从而使得高收入群体和城镇群体的消费支出规模高于低收入群体和农村群体。另一方面，网络消费活动参与需要以完善的互联网基础设施和健全的物流运输体系为保障，而部分落后地区则往往由于地处偏远和交通不便导致运输困难，同时低收入群体也往往面临着互联网设施落后和网络参与途径单一的限制。由此推断，伴随着农村地区互联网基础设施建设的推进和全民收入水平的不断提升，网络经济发展将能更好地惠及低收入群体和农村地区，而异质性群体之间的消费差异也将缩小。

本节基于异质型消费群体的视角，理论剖析网络经济发展对不同消费群体的差异化作用机理，在实证考察网络经济发展对居民消费整体影响的基础上，根据年龄、收入和城乡等不同标准划分消费群体，进而利用中国家庭追踪调查（CFPS）数据实证考察网络经济发展引致的消费效应，主要得到以下结论：网络经济发展对异质性群体呈现一致的消费促增作用，但作用强度存在显著差异；分年龄来看，网络经济发展对青年群体消费拉动作用最强，对中年群体次之，对老年群体则尚不显著；分收入来看，网络经济发展对于高收入群体的消费促增作用强于低收入群体；网络经济发展对城镇群体的消费促增作用强于农村地区。

基于上述研究发现，本节据此提出了强化网络经济发展的消费拉动效应的具体建议。①在网络经济发展规模扩大的过程中，既要通过个性化产品和高质量服务吸引中青年消费群体，同样制定老年群体网络消费定向策略，充分发掘老年群体的消费潜力。②完善互联网基础设施建设，提高城乡互联网普及率和宽带服务覆盖率，进而提升居民网络消费参与度，同时完善绿色物流体系建设，提高运输效率和保障良好的消费体验。③完善互联网教育和人才培训，既要为互联网技术支持下的网络经济发展提供人才保障，也要强化居民网络消费的基础能力和参与意识，从而使网络经济发展的福利惠及更多的消费者。

第三节　微商与网络经济的发展

"微商"逐渐成为一个热词，这个词的热度持续不减，一方面与互联网商业的快速发展有关，另一方面与人们的购物需求有关。当前，人们对各种社交软件的使用越来越多，社交软件几乎成为人们生活中不可或缺的一个重要部分。尤其是随着手机媒体的发展和应用，人们通过手机可以更加方便地浏览相关信息，这给微商的出现提供了一定的条件。人们对微商的评价褒贬不一，有的人认为微商的发展方便了人们的生活，是一种全新的发展渠道，与淘宝、京东等电商平台有一定的相似性。有的人则认为微商的发展存在很大的信任危机，由于微商的规模往往都不大，不像几个大的电商平台有一定的规模，因此微商所售的商品有可能有假，因此很多人对微商持保留态度。微商的产生对传统经济是一种冲击，对网络经济却产生了良好的促进作用，带动了网络经济的快速发展。

一、微商的含义

微商指的是以微博、微信等社交平台为基础发展起来的一种零售商业模式。狭义上讲，其指的是在微信朋友圈卖东西的人；广义上来讲，其是一种移动社交电商，人们常说的微商就是基于微信的。微商的经营模式主要分为两种，一种是利用微信公众号进行营销的模式，称为商对客电子商务模式；另一种是基于个人朋友网络开展的微商营销模式，称为"个人与个人之间的电子商务模式"。有统计数据分析，当前人们对智能手机的需求越来越大，智能手机的销量已经增长了36%，很多应用程序应运而生，使得人们的生活变得更加便捷，如微信、微博、打车软件等。微信是当前人们使用最多的一种社交平台，从2011年开始投入使用之后，用户已经超过了6亿人。在这些数字的背后隐藏着巨大的商机，存在着一个很大的消费群体。微商就是在这样一种背景下产生的，微商与传统的电商又有一定的区别，微商的规模自然不如电商大，但是也呈现快速发展的趋势。随着微商带来的商业利益越来越大，微商和淘宝一样也产生了不同的形式。微商的主要经营模式是社交分享、朋友推荐等。

二、微商对网络经济的影响

微商主要依赖于微信，微信的应用主要依赖于手机，所以，微商的发展与手机媒体之间也有十分紧密的联系。手机媒体本身与传统媒体之间有很大的不同，是当前人们生活中使用最多的一种通信工具。微商的出现使得整个社会的各种商业信息的传递更加快捷，各个产业的发展也更加迅速，对于网络经济的发展有一定的促进作用。

（一）微商拓展了网络经济的发展范围

微商是网络经济中的一个十分重要的分支，随着互联网的快速发展，网络经济已经成为我国经济体系的重要组成部分，是我国经济发展的重要拓展，是与实体经济进行互补的一种经济形式。我国人口数量众多，在网络上有很强的购买力。而且，我国本身是制造业大国，相对于其他国家而言，发展网络经济的基础比较扎实，因此我国的网络经济发展十分迅速。单就淘宝网购而言，每年的双十一、双十二等活动，其营业额可以达到百亿级别。由此可见，网络经济的发展动力十分强劲。微商的传播十分快捷，其是基于微信社交平台产生的一种重要的商业模式，很多用户在使用手机的过程中潜移默化地就会接收多种信息，因此微商是拓展网络经济范围的重要途径。微商可以利用微信、微博等平台对自己的产品进行推送，达到营销的目的，提高交易效率。微商是电商的一种重要补充形式，加强微商的应用可以有效地提高网络经济的活力。

（二）微商对网络经济的运行环境有一定的影响

微商的发展是在各种媒体平台的发展基础之上的，如互联网、媒体终端的不断发展，为各种信息的传递提供了全新的通道和平台。新媒体平台在人们生活中的广泛应用，契合了人们的生活方式，也契合了市场的开放性特征。相对于传统的商业经营模式而言，微商经营更加灵活，其地域条件发生了相应的改变，传统的商业营销都有固定的场所。但是，微商并没有，微商是基于互联网存在的，只要有互联网的地方就可以开展微商。因此，可以说，微商是一种没有界限的商业形式，对于传统的商业模式是一种重大的突破。在微商的发展过程中，信息全球化使得全世界各国企业之间的交流变得日益频繁，微商交易中的产品种类也越来越丰富，比如越来越多的海外代购出现，其产品涵盖世界范围内的各种产品。微商的发展使得网络经济的运行环境发生了一定的改变，也为网络经济的快速转型和拓展提供了必要的支持。

（三）微商使得传统的网络经济管理方式发生了改变

微商的出现对于网络经济的影响还表现在使网络经济的管理方式发生改变。由于微商为网络经济提供了十分完善的交易环境和基础，当前很多交易都可以通过手机操作完成，因此在微商的交易过程中，很多信息都可以进行优化，很多跨区甚至是跨国企业之间的生产要素也可以得到相应的配置。对网络经济的经营管理而言，可以使得不同的经济实体不断提高竞争实力，对网络经济的经营管理方式的改变是一种有效的促进。

三、微商的发展策略探讨

（一）加强市场调研的力度

市场调研是营销管理过程的重要部分。营销是推广产品、塑造品牌的重要过程。在传统的商业模式中，市场调研是一个十分重要的环节，而市场调研是为企业生产和营销提供基础的重要步骤。企业生产方案、营销策略的确定和调整，都必须以市场情况为前提，了解市场情况的过程就是加强市场调研。微商在发展过程中要加强对市场调研的重视，可以借助手机媒体、新媒体等实现市场调研，对用户的需求进行搜集、分析，从而可以制订更加详细的微商营销计划，为消费者提供更加便捷的服务和质量更好的产品，在网络经济快速发展的过程中能够与电商竞争，分得一部分利润。

（二）加强网络营销的力度

随着市场竞争的不断加强，传统企业在发展过程中受到的限制越来越多，比如行业的发展使行业内的企业越来越多，行业的竞争压力逐渐增大。在互联网和信息时代，传统的营销模式已经不再适用。微商的营销也从线下逐渐转到线上，借助互联网实现快速、高效营销。微商在各种贸易平台上进行推广、在相关行业系统内进行推广、利用搜索引擎进行推广等，使各种产品的竞争实力有所提升。

（三）健全信息网络经济的监管及其基础设施

网络经济是与传统的实体经济相对应的一种全新的经济模式，但也是一种合法的经济，为了对网络社会的安全和稳定进行维护，从而为微商领域中的商家提供一个健康的网络环境，确保商家可以正常经营，我国要完善与微商相关的法律法规，对于网络上存在的一些不良竞争行为进行监管和控制。如有的商家通过压价的方式获取客户，扰乱了微商市场，对于这种行为相关部门应该严加监管，对贸易双方的利益进行保护，从而吸引更多的商家投入网络经济活动中，然后逐渐投入微商的行列中，盘活我国的经济形式，加强对网络这种优势资源的利用。针对我国当前网络经济发展良好的态势，政府部门要进一步加强对电子证书授权中心和电子保密标签监管中心的安全基础设施的建设，对于网络经济贸易中网络支付的安全进行保护，防止出现资金安全隐患，也可以为广大消费者和商家搭建一个安全可靠的网络交易平台。

（四）对商家和销售模式进行规范

网络本身是一个虚拟的世界，很多人认为网络经济存在虚拟性也不是没有道理的。网络经济与实体经济相比，风险也比较高。比如消费者从网购平台上购买一件产品，很有可能遇到实物与图片不相符的现象。这会让很多消费者对微商产生了怀疑，使得微商的行业发展受到打击，整个微商行业一度受到重创。归根究底，这是因为在微商的发展过程中，巨大的利益链使得很多人争相进入，而在这个过程中，相关部门的监管不力，或者说由于网络本身并不是一个便于监管的场所，因此使得网络监管不能落到实处，一些假冒商家进驻网购平台，堂而皇之地开始大肆推广；而且，很多微商用户都是采取 C2C 的销售模式，使得卖家和商品的管理缺乏规范化，导致了上述问题的出现。还有很多人认为微商连续刷屏影响了整个朋友圈的质量，给自己的生活也带来了一定的困扰。对此，相关部门应该做好相应的规范，对微商商家进行审查，对其生产资质、代理资质等进行审核，确保其具备一定的资质能力之后才能允许其成为正式的微商商家。对于那些个体用户，则可以通过对其发布朋友圈的数量、交谈过程中的敏感词汇进行监控，从而对其进行规范和监管。另外，应对微商商家发布的商品消息进行统一规范，为消费者提供一个良好的交易、购物环境。

微商是在微信平台上产生的一种全新的商业模式。微商的发展过程给我国的网络经济带来了很大的促进作用。但由于对网络经济的监管本来就存在很大的难度，因此在未来的发展过程中，相关部门要积极加强对微商以及整个网络经济市场的监督，对市场交易进行规范，从而促进网络经济的快速发展。

第四节 人力资源与网络经济的发展

现代社会的网络经济飞速发展，人力资源是网络经济发展最有价值的资产，应该充分合理地利用这笔财富。如果用人不当，一个缺乏远见的领导就可能只顾眼前利益而使企业停滞不前，一个贪婪的员工就会以泄露公司信息来换取不当利益，一个信息技术平庸的网络维护人员就会让整个企业的机密数据暴露在别有用心的竞争对手面前，这样的实例屡见不鲜。为此，管理的控制职能重点已经转变为直接控制，即关注人力资源状况，通过遴选、进一步的培训、完善考核方法等来规范有关主管人员和相关工作人员的行为，从根本上促进网络经济的安全发展。

一、网络经济环境下的人力资本

网络经济的发展环境关键在于技术的掌握程度，尤其是信息技术的战略和信息技术的扩散。大量讨论一般技术的扩散和专门讨论信息技术扩散经验的文献表明，技术的接受转让不仅仅是购买一个硬件设备，安装之后使其运转就万事大吉了。获取新技术需要具备对各种可供选择的技术进行评价的能力,包括供应商的可靠性,购买合适的工具和系统配置,实现相关的技术和组织运行管理。

网络经济环境下的生产和经营需要专门的技能——信息技术。现在许多单位都缺乏现成的技术人员,信息技术革命给教育和培训提出了更高的要求,因此,教学课程需要进行全面更新,加强数学、管理、计算机科学、电子工程和其他相关方面的内容。从通用性的角度来看,在信息技术领域投资的用户并不需要建立累计的"技术资本",但需要借助外部支持来开发信息技术的应用能力。在这种情况下,公共支持项目可以帮助企业加强必要的应用能力。越来越多的证据表明,工业化国家和发展中国家在引进信息技术的过程中,技能缺乏和技能需求的变化是最主要的障碍。

技术人员的缺乏不单单是由劳动力市场相关人才的缺失造成的,企业不重视对职工的再培训也是形成这种局面的原因之一。很多与信息技术有关的技能培训完全可以以岗位培训的方式进行,以及受由供应商提供培训、职业培训或与其他机构联合培训等。许多世界贸易组织成员国除了扩大与信息技术有关的综合教育外,还设置了一系列项目和政策对现有人员进行再培训。在网络经济的发展过程中,人力资源的充分开发和建设成为一项关键因素。人力资源包含网络经济社会所涵盖的各种技术、管理、开发、应用的专业性人才。信息业的人力资源,即互联网技术的人力资源在其中占据了举足轻重的地位。

二、人力资源对于网络经济发展的重要作用

(一)人力资源是网络经济发展的根本

人是企业中最宝贵的财富,先进的装备设施、丰富的资讯信息、充足的资金储备都需要人来操控,否则一切都形同虚设。对于网络经济而言,人力资源同样处于举足轻重的地位。由人完成网络上的任何活动,当需要决策部署和指挥调动时,人能起到决定作用。人力资源反映单位的未来前景,而设施和资金仅仅体现一个企业、国家或社会的当前状况。一个企业中的领导决策是否正确关系企业的未来发展方向和格局,同时员工的水平和执行力也影响任务的完成质量、目标的实现等。

(二)网络经济安全发展过程中的人力资源竞争

现代企业竞争日趋激烈,各企业通常力争在产品的质量、品牌和服务等方面获得竞争优势,然而这些方面的竞争归根结底是人才的竞争。一个企业打造一种名牌产品、一个特色服务都需要优秀的人力来设计、规划和实施。随着社会的发展、经济的飞越、科技的更新,这些优势会逐渐被消磨,而企业的人力却是一种潜力巨大、持久发挥作用的资源。尤其在信息社会、网络攻击此起彼伏的时代,任何一个企业乃至国家都必须掌握"魔高一尺、道高一丈"的本领,这样才能在网络危机到来时临危不乱,这种能力的掌握最终需要互联网技术人才来实现。由此可见,一个企业真正的优势并非仅仅体现于其产品或服务,而是优秀的人力资源,只有"人"才能创造长久的竞争优势。能够广泛吸收人才、正确使用人

才、专心培养人才的企业才是在未来竞争中立于不败之地的王者。

（三）人力资源管理对网络经济安全发展的重要性

随着企业竞争的日益加剧，人们越来越认识到人力资源管理的重要作用。以往的人事部门已经被人力资源管理部门所取代。这不仅仅是称谓的改变，更深层次的是企业转变了管理观念、提升了管理方法和手段。企业的管理已经从传统的注重对物质的管理转变到关注对人力的管理。世界500强企业对人力资源管理都非常重视，它们与一般企业相比，一个共同优势是吸收、激励及进一步提升优秀人才价值的能力较强。这些绩效成果突出的企业通常重视团队协作、平等公平对待员工、积极发展并勇于创新。

企业维护网络安全必须进行合理的人力资源管理，对于员工的选聘、人才的使用、人员的培训和员工的考核等一整套制度都要进行战略性的规划。企业之间的竞争表现为人才的竞争，而良好的人力资源管理可以通过制定引进入才和储备人才机制，广泛地引收人才，进一步挖掘人才潜力，在原有的基础上提升人才质量，保证人才在一定程度上的稳定储备。有恰当的人力资源管理的企业必然会重视网络安全，会根据业务流程制定专业的网络安全管理规程，并严格执行、管理，为网络安全搭建一道严密的"防火墙"。

网络经济是现代社会信息化发展突飞猛进，有了质的发展的重要体现。它依赖于计算机互联网而生，自觉地将不同的经济主体通过互联网穿针引线，使其在强大的"互联网+"背景下进行全球化的生产加工、资源配置、经营消费等，是一种完全颠覆了传统生产、经营和消费模式的新生经济形态。在传统的人力资源管理模式下，企业的主动性较大，市场占有优势明显的情况将发生重大变化。在新形势下，人才拥有了更多的自由和选择权利，企业人才流失成了一种常态化现象。如何将网络经济与人力资源融合发展，必然成为企业面临的新问题。对于适应社会发展的企业而言，其一定会通过利用网络经济优势，不断深化人力资源改革，在机遇和挑战中使企业茁壮成长。

三、网络经济使人力资源管理窘态百出

马克思主义市场经济发展理论认为，到达一定时期，市场的经济发展必然会发生质的变化。随着时代的变迁，网络时代的经济模式越来越完善，传统人力资源管理已经略显疲态，窘态百出，主要体现在人力资源管理的观念和方式滞后、管理成本较大、人才引进机制效果不强等方面：

（一）人力资源管理观念和方式滞后

传统的人力资源观念认为，企业是主体，完全可以通过行业猎头招聘、人力资源市场选聘和行业内部推介等多种形式实现企业的招聘目的，体现企业的极大优势。从根本上来说，这主要是由于企业占有了大量的用人信息，有更多的选择，而求职者则因为获取信息的渠道相对狭窄，谋求职业的途径不多，以至于在求职过程中处处受制于企业，对选择什么样的企业、岗位，以及获得什么样的薪酬待遇，完全没有主动权。网络经济时代的新常

态主要体现在：①能够刺激企业之间的激烈竞争，用人信息越来越丰富。②强大的网络交流和信息传递软件极大地满足了不同人群、不同层次、不同学历、不同性别的求职者的需要。③网络经济的新常态使优秀者更为优秀，企业一方能够利用简单、便捷的网络软件筛选出非常优秀的人才；求职者一方亦能充分且全面地获取企业信息，从而权衡利弊，做出结论。④传统的人力资源管理模式僵化且滞后，工作纪律、绩效考核等完全依赖于"人对人"的管理，人为因素较多，人力成本较高，绩效考核不公平，激励机制不健全，以至于聘用人员动力不足、积极性不高，存在"干多干少一个样，干与不干一个样，干好干坏一个样"的懒作为、慢作为、不作为现象。也就是说，人力资源管理活力不够，从而影响了员工的价值体现。

（二）人力资源管理成本意识和竞争观念不强

传统人力资源管理成本意识不强、方式方法陈旧，以粗放型为主。很少有企业对人力资源管理成本做过评估，原因如下：一方面，因为管理制度落后，部分企业制度挂在墙上，有令不行是一种常态化；部分企业朝令夕改，耍领导牌、政绩牌也是一种常态化，这必将严重影响人力资源管理质量。另一方面，因为市场竞争方式较为稳定，人力资源管理部门习惯于惯性思维、模式化管理，一般上级主管要求在一定时间内、在一定范围内、利用一定资金完成的事情，人力资源管理部门的职员很少有主动性的发挥，更妄谈与时俱进的市场竞争。在网络经济时代，"高精尖"是对知识和技术的要求，同时对管理的精细化、高质量发展也不能忽视。企业如果缺乏了成本意识和竞争观念，则必将在市场上一败涂地。

（三）人才激励和引进机制弱化

建立完善的人才激励和引进机制，是人力资源管理的基本内容。定期提高待遇薪酬、合理分配绩效津贴、完善各项福利政策均是企业人性化管理的重要体现。近年来，网络经济发展势态迅猛，传统企业自以为底子厚、制度硬，占据着天时地利人和的好机会，从而很容易忽视自身人力资源管理方面的改革。但是，网络信息技术在飞速发展，企业员工的世界观、价值观和人生观也在变化，他们已经不能简单地满足于得证书、领奖金等层面。他们更多地希望通过参加学习培训实现自我知识的提升、自我技术的充电、自我价值的实现等能够维系长期发展、可持续发展的追求。而后者正是网络时代带来的巨大变化，从他们"人人平等"转化为网络信息资源共享，既是人的本质发展的重要表征，又是社会发展的根本需求。

四、网络经济助推人力资源管理融合发展对策探析

网络经济是时代发展的表征，人力资源管理只有与时俱进，利用网络经济时代的特色优势着力深化改革，方能有立足之地。同时，网络经济发展也亟须人力资源管理工作的及时变革和跟进。二者之间是相辅相成的关系，只要处理好二者之间的关系，必将形成融合发展的良好势态。

（一）积极优化管理策略

人本主义思想是优秀企业必然追求的一种营销策略，人本主义的核心是"人人平等"。就企业而言，管理层与员工之间应该建立一种平等互助的关系。在网络经济时代，人的社会思想已经发生了翻天覆地的变化，应聘与招聘之间的关系不再是一方高高在上、另一方必须低人一等了，应聘者的知识结构和专业文化素养也不再是工业时代的落后现象。招聘公司为了招引更多的优秀人才必然需要及时地优化管理的方式方法，以平等、公正的态度对待应聘者，同时通过完善各个招引流程满足应聘者的切身需要。另外，在具体的工作过程中，管理工作固然重要，但是每位员工作为具有社会性的"个体"的人，也需要得到充分的尊重。就考勤打卡而言，企业完全可以根据不同员工的情况，建立灵活多样的打卡方式，而并非传统的一刀切式的早晚规定时间，只注重形式而不重视效率。

（二）不断完善管理程序

人力资源管理在企业运营中具有从始至终、贯穿全盘的特点。对于岗位策划、人才招引、培训学习、正常工作、日常福利以及员工的社会生活的方方面面都要通盘考虑。然而，不可忽视的是，每一环节都需要大量的成本，包含经济成本、信息成本、人力成本等。如何降低成本、提高效能，是企业需要思考的一个重要问题。企业如果能够充分利用网络经济时代的信息廉价、资源共享便捷、人人沟通方式多样化等优势，积极完善管理程序，则必将极大地减少资金投入、降低运营成本、提高工作效能。企业可以利用网络建设专业的招聘网站，只要进行后期的升级改造便可一直使用下去，这就改变了传统招聘海报满天飞、招聘人员满世界跑的现象，极大地节省了招聘成本；对新进入员的培训，可以利用较低的费用注册进入专题网络培训平台，开展各项学习活动，同时设定灵活的学习时间和丰富多彩的培训内容，必将极大地减少时间消耗、节省人力成本、提高学习效率。对于企业人事部门来说，各项工作均需要与其他部门产生相应的关系，人员的调动、跨部门各项程序的审批等都提高了运营成本；而网络时代的人力资源大平台建设、数据云的分享，不但可以节省办事时间，更能够提高工作效率；尤其是数字信息化电子档案的设置，能够更加方便查询者的需要，也能够减少人力资源部门的人力成本。

（三）着力强化激励机制

付出和收获是成正比的，网络经济时代的员工更加看重这些。因为他们获取信息的平台更为便利，每一个企业的激励机制也变得更加透明。企业首先要考虑如何优化薪酬体系。笔者认为，企业要学会"筑巢引凤"，一是建立良好的福利待遇政策，如通过福利房建设、员工子女就学安排等形式引进优秀人才、稳定现有人才，通过一些隐性福利，使员工的潜力得到最大限度的发挥。二是建立能上能下、能多能少的薪酬方案，企业可鼓励优秀的员工破格申请职务升迁、职称评定，对工作付出多、为企业贡献大的员工，可按照多劳多得的原则给予更大的奖励；对那些碌碌无为、无所作为、敷衍了事的员工，减少薪酬待遇，时间久了，自然会形成一种良性循环的薪酬待遇机制。三是以人性化为手段，助推员工在工作过程中发挥更大价值。

总之，网络时代经济和人力资源管理要实现融合发展。企业自身要适时调整定位，改变过去一方主导招聘用人、组织培训、进行过程管理和发放薪酬等现象。企业要充分认识网络时代日新月异的变化，通过搭建良好的信息平台实现资源共享，助推市场发展；并根据员工的不同个性，因人而异，因事而为，采取差异化、个性化的人力资源管理模式，通过优化理念、降低成本、强化激励等方式，以信息化时代便利、便捷的优势推进企业适应市场需要，并行稳致远。

第五节　网络新技术与网络经济的发展

随着科学技术的发展，以及人们物质生活和文化水平的提高，网络成为人们获取信息的基础设施，在人们的生活中发挥着越来越重要的作用。如今的网络技术不仅为人们提供了社交、学习、工作、休闲和娱乐的全新模式，如远程教育、远程医疗、电视会议、居家购物和电子函件等，还为经济运行、政府工作、突发事件的应对、灾害的预警、处置与救助提供了快速、高效的平台。可以说，网络带给人类社会的巨大变革，已成为衡量一个国家综合国力强弱的重要标志之一。

一、网络新技术的发展

网络新技术的发展正推动着社会的不断进步。从国家信息基础设施建设的角度看，网络在注重经济应用的需求的前提下，正向高速化、宽带化方向发展。统一、高效、先进的国家信息网络基础设施将为开展各类信息业务和应用提供强有力的支撑。从经济发展的角度来看，网络运营商需要新的网络演进的关键技术和装备，并保持网络的可持续发展能力；服务提供商需要开放、竞争的网络环境，以引入新的商业模式参与竞争；设备制造商需要能够提升产业竞争力的核心技术，包括技术标准、专利等。网络新技术应能为各种经济提供有保证的服务质量，在与网络传输层和接入层分开的服务平台上提供服务和多种应用，最大限度地增加资产回报，创造利润，具有开放性和灵活性的网络技术等。网络新技术是一个能够充分发挥容量潜力，保护经济综合开放的业务。在世界上已经形成的常用智能新业务下，经济发展也受到了触动。网络技术是指采取一定的通信协议，将分布在不同地点上的多个独立计算机系统通过互联通道（通信线路）连接在一起，从而实现数据和服务共享的计算机技术，是现代计算机技术与通信技术相结合的产物。

网络技术是一个新老更替、优胜劣汰的过程，必然被新的、更加先进的技术所取代，以互联网为代表的技术革命正在深刻地改变着传统的网络观念和体系结构。互联网协议第6版(IPv6)的出现使网络摆脱了地址和空间的限制，成为三网（电话网、计算机网、有线电视网）融合的黏合剂。宽带移动互联网实现移动网与固定网络的融合，为固网运营商快速进入宽带移动数据市场提供了机会，因此网络新技术是最新的、前沿的、热点的、主流的、使用广泛的网络技术。

二、网络新技术对经济活动的基本功能

迅猛发展的网络新技术造就了网络经济时代。何谓网络经济？网络经济是基于现代网络新技术特别是互联网而形成的网络经济活动的集合。网络经济是数字化、信息化、网络化所带来的一种崭新的经济现象，具体表现形式是以经济为主体的各种产品、交换、分配、消费等经济活动。目前，金融机构和政府职能部门等主体的经济行为，都越来越多地依赖信息网络，不仅要从网络上获取大量的经济信息，依靠网络进行预测和决策，还有许多交易行为直接在信息网络上进行。网络经济是以信息产业为基础的经济，以知识为核心，以网络信息为依托，采用最直接的方式拉近服务提供者与服务目标的距离。在网络经济形态下，传统经济行为的网络化趋势日益明显，网络成为企业价值链上各环节的主要媒介和实现场所。网络经济的实质是利用网络新技术促进经济和教育社会的发展，这也是科学技术是第一生产力的又一个注解。网络新技术一方面能推动现有制度的变革，另一方面也能实现制度的创新。

（一）网上交易可以大幅度地降低经济活动成本。

1. 网上交易可以降低经济的交易成本

网上证券交易能够使成本降低80%。网上银行的兴起使越来越多的中小企业开始使用网上银行。有三类企业可以通过网上银行降低交易成本：

（1）办公地点距开户银行较远的企业。这些企业由于办公地点与开户银行较远，企业办理结算业务相对来说不方便，使用网上银行对这些企业来说是最好的选择，从而方便交易，降低成本。企业还可以同时办理网点共享签约业务，方便日常现金存取。

（2）财务经理（总监）需要经常出差，或常驻外地或外国的企业。这些企业的财务经理或财务总监因为工作需要会经常出差或是常驻在外地或外国，他们对公司的财务状况、资金运作的管理和监控往往不能够按时地实现。通常这类企业会授权经办人员办理相关业务，或干脆会被动等待财务经理回来。因此，网上银行是最好的财务制度选择。

（3）结算量较大、对余额的关注较密切、对资金的结算时间要求较高、异地结算较多的企业。这些企业的财务人员通常会一天跑几次银行，拿回单、问余额、等送结算凭证、赶在关门之前办理电汇。由于他们对银行的交易方式和时间非常熟悉，因此对银行的服务要求也相对较高。在这种情况下，网上银行的24小时账户查询、实时资金划付业务对于这类人群来说就非常适合了。通常具有一定规模的该类企业，通过组建网上虚拟结算网络，可以加快资金结算速度，提高工作效率。因此，网上交易与传统的交易方式相比，网上交易的成本比原来减少。

2. 减少企业的信息成本

网络上的信息具有互动性、公开、免费的特点，企业利用这一特点可以自由地发布自己的相关信息，并搜集自己所需要的信息。这就可以大幅度地减少企业用于信息发布、搜集、处理等方面的费用，减少企业在信息处理方面的重复投资。

3. 可以降低企业内部的经营成本，

网上交易可以减少企业内部的决策环节，节省企业用于采购和推销的费用。

（二）网上交易具有价格发现的功能

在网上交易过程中，供需双方的信息是充分的。网络技术可把多家供方和需方集合在一起，形成集合竞价的局面，从而使企业从中可以发现一个市场能够接受的价格。

（三）网上交易具有风险规避功能

网络的虚拟性质使其不仅具有现实交易的功能，还具有预约交易的功能，并能把实物交易和合同交易结合起来，把交易和投资结合起来。网络经济的兴起已经对现代企业的研发、生产、经营和管理的各个环节产生了重大影响。

进入网络时代，经济正由稳定的商品供应垄断者主宰的模式转变为临时的商品供应垄断者主宰的模式，大批量制造和大批量销售正在让位于大批量定制。网络经济时代市场竞争的焦点不再集中于谁的科技更优良、谁的规模更强大、谁的资本最雄厚，而是要看谁最先发现最终消费者，并能最先满足最终消费者的需求。谁最先顺利地为消费者提供了其所需的商品或服务，谁就是成功者。这里并不是说企业可以忽视发展科技，要让技术研发满足消费者的需求才是目的。

三、以网络新技术为基础的电子商务对经济的影响

以网络化为基础的电子商务将极大地改变传统的企业经营方式，摆脱常规的交易模式和市场局限。什么是电子商务呢？这个概念到现在也没有非常统一的说法。电子商务专家杨坚争教授对电子商务的定义为：交易当事人或参与人利用现代信息技术和计算机网络（主要是互联网）所进行的各类商业活动，包括货物贸易、服务贸易和知识产权贸易。"电子商务"定义中所包含的"现代信息技术"实际上是指使用以网络信息技术为基础的联系方式。"商务"是指不管是有合同参与还是无合同参与的所有的商务关系带来的所有相关事项。我们把"现代信息技术"看成是一种关系，把"商务"看成是另一种关系，那么电子商务所包括的丰富内容应当是这两个共同部分所形成的集合。也就是说，"电子商务"其实广泛涉及互联网、局域网、内部网和信息数据交换在贸易方面的各种用途。这就规定了交易双方和相应的服务部门的商业信用和支付的银行信用要高度成熟，而且要求保险机构、金融机构、供应商和客户在电子网络交易系统中的高度整合与兼容，使在线市场成为与交易参与者密切关联并与参与者的利益息息相关的集合体，从而以网络的方式改变传统企业的经营方式和参与者之间的关系。

与传统营销市场不同的是，电子商务营销模式可以用大量时间告诉消费者其购买产品的特点和独有的卖点，使消费者能充分认识到产品专业方面的全部内容。在线产品需要用更专业的内容来支持在线销售，而不像传统市场有时越专业越不一定能让消费者接受。互联网上有很多半价超市的网址，这其实与消费者平时逛商场一样，没有人会强迫消费者购买商品。在有的网站上，只要消费者买了一定金额的产品，就会像平时逛商场一样成为会员。大家都知道，会员的意义是消费者下次来这家购物时，可以享受优惠。而且，在消费者一般在线上选择好了产品并付款后，卖方公司就会送货上门。另外，企业可以做网站推广。电子商务与直销不同，不会要买方去直接推销。推销者只要把消费者在线下商场中的消费转到网络购物中来，就会获得购物积分返利。电子商务推广回报的奖金很高。简单地说，推销者能推广并为公司销售产品，公司就会给推销者发奖金，推销者就会得到相应的获利，这会根据不同公司而不同。

电子商务这种网络营销模式产生的是网络品牌。这种网络品牌已经大大超过了产品在传统营销市场中的影响力。而如果想让这些网络品牌发展下去，各大门户网站就都要适应和认同网络品牌经济这个新生事物。网络经济的发展要求传统经销商适应电子商务各种形式的经销行为。网络新技术的发展促使中小企业由原来的传统营销转入了网络营销，中国有30%面临倒闭的中小企业通过网络又开始运转了。

信息技术与信息系统将会使企业内部机制和管理进一步电子化和信息化，促进企业经营管理技术的变革。基于信息和网络技术的一系列企业内部的管理方法和手段不断被开发出来，使企业的内部机制和管理更为高效、协调和及时。通过互联网实现企业内部的信息沟通，形成内部的高度整合是企业信息化的第一步。第二步是企业上网寻找客户，扩大新的销售渠道，形成新的管理职能。第三步是企业对价值链或供应链进行全面整合，实现电子化管理的高效运作，使企业内部机制和管理发生实质性变化。第四步是企业通过网上销售扩大相关的服务范围，使企业的经营管理进一步完善。

四、网络新技术与经济发展的未来

网络新技术使企业经营管理的手段得以创新，从而使管理具有更高的效率。企业运用信息化和网络化的手段能够提高企业的组织效率，减少管理层次和管理职能部门成为企业改革与调整组织结构的新时尚。

当前的网络，不管是通信网和计算机网，还是互联网或移动网，都不能适应未来发展的趋势，一定要发展下一代网络。只有大量采用创新技术，以网际互连协议（IP）为中心，将多种业务融合在一起，才能继续推进网络经济的发展。网络新技术的未来在于它的新服务最终是否能更好地服务于顾客。在规模经济的模式下，服务成本通常会随着用户基数的增加而减少，因而网络新技术涵盖了固定网、互联网、移动网、城域网、接入网、用户驻地网和家庭网络等许多内容。

随着网络新技术的飞速发展，网络经济还会继续展示其巨大的变革力量，这也意味着企业运行方式和管理方式有着无限的创新空间。发展网络经济已不单纯是一个电子信息技术的运用或是商务模式的选择问题，而是适应和顺应国际潮流，在融入全球经济发展中不断增强竞争力的战略性选择。

第六节　大数据视域下的网络经济发展

在大数据时代，网络经济不断发展，人们的消费理念和消费方式随之发生革新和转变。这使网络经济发展得到进一步的推动。网络经济成为我国市场经济转型的一大助力。依托网络经济优势，商家与客户的交易更加便捷和高效，交易过程日趋简便和快捷，交易的空间不再受传统方式的限制。但是，随着网络经济的不断发展，其不利因素也逐渐显现出来。

一、大数据背景下的网络经济发展

（一）大数据背景下网络经济发展的优势

（1）在大数据时代，网络经济的发展为商家和消费者都带来了很大的便捷，这是其最大的特点。在网络平台上，消费者可以直接选购商品，商家也可以直接展示自家的商品，这种方式在一定程度上降低了人力和物力成本。因此，网络经济实现了网络交易的便捷性，同时也使得交易更加经济。

（2）在大数据背景下，网络经济使得交易不仅仅局限于传统经济的空间中，而是有了更大的市场范围，这是一种自由市场的经济消费结构。在这种方式中，商家的运营成本大大地降低了。基于上述优势，我国的小型规模企业得到了快速的发展，甚至可以与一些大型规模企业进行交易上的切磋，进一步促进了我国贸易市场的公平性和自由性。在传统经济时代，经济的发展有很多限制，如受地理位置的限制。而在线交易能够轻易地实现跨市、跨省甚至是跨国的贸易，这使得我国加快了经济全球化的发展。

（3）在大数据背景下，网络经济发展使得在线购物的交易效率得到了很大的提升，通过在线购物，消费者和商家都能够减少交易时间，从而使得交易的数量得到大幅度的增加。在传统的经济贸易模式中，购买方和销售方由于地理位置限制，不能很好地实现面对面的实时沟通，这便会带来更多的限制因素，如会受到品牌或者企业负责人人脉的影响。而网络经济使得双方通过网络平台进行无障碍的沟通，从而更加平等地交易，甚至会建立长期的合作。

（二）大数据背景下网络经济发展中的不利因素

1.网络经济交易的真实性问题

在网络经济下，消费者与商家双方通过虚拟的平台进行交易，消费者对商品的质量和真实的情况没有真实、直观的了解。在网络购物中，消费者看不到产品，摸不到商品的质量，只能通过图片或者听商家描述，而不能亲自感触，得到的商品信息比较少。因此，消费者在收到商品或享受服务时，可能会发现商品或服务跟自己原先的期望相差很大，从而产生失望。这就使得消费者很难对网络经济中商品的质量产生信赖感，从而形成恶性循环。

2. 网络安全问题

网络购物改变了传统的面对面的交易方式，网络经济是依靠网上结算的方式来实现的，因此，支付方式多种多样。在现阶段，经济贸易也是多种多样的，这便要求我国增强网络安全。消费者在网购交易时提供的银行卡资料或其他财务资料极有可能在传输的过程中被窃取。另外，即使传输过程很顺利，在这些资料传递给商家之后仍有可能被商家泄露。所以，支付方式的安全隐患会影响网络经济的发展。

3. 管理制度问题

网络经济是一种现代化的产业，但当前关于网络经济的宏观管理制度并不完善，因而会有一些网络营销者利用法律空白来牟利。因此,相关部门需要完善网上交易的法律法规，根据当前国情，制定网上交易活动的法律法规，以解决网上交易发展所面临的问题。通过对相关法律法规的制定和实施，为推动我国网上购物的良性发展提供有利的外部环境和法律保障。如果没有很好的监督管理，就很难促进我国网络经济的健康发展。

二、大数据背景下的网络经济发展趋势

（一）网络经济发展将更加正规

在大数据时代，网络经济的发展对我国经济的发展有不可忽视的重要作用，因而在今后的发展中，需要不断地完善网络经济的法律法规，使其向更加正规的方向迈进。我们要做到取其精华、弃之糟粕，继续发扬网络经济的优势，不断改进其缺点和不足。相关政府部门要不断加强对产业结构的约束，从而促使我国经济得到更好更快的发展。如果对网络经济缺乏必要的约束，就必然会导致我国的网络经济停滞不前。政府要积极面对这种情况，从法律层面加强管理，促进网络经济的正规发展。

（二）网络交易将更加透明公平

在大数据的背景下进行网上购物会更加方便和快捷。但是，网络交易存在的不公平和不透明，使得一些消费者的合法权益得不到保障。为了维护健康的网络经济环境，网络交易必须朝着公平和透明的方向发展。未来的网络经济将会与实体经济相结合，在线上经营的同时给出实体店面的销售信息，提供诚信和安全保障，让消费者更加清晰地了解商品信息，还要整合实体店面的供应链和售后服务等优势。同时，政府要支持建立并不断完善平等、开放的市场竞争机制。通过市场竞争体制，消费者可以得到更加适合的服务和合理的价格。在网络交易中，要有一个公平的交易竞争模式。国家要通过制定网络经济方面的政策和法律，使全社会对网络经济的了解更加全面和透彻。

(三）网络经济发展的可持续发展

电子商务的硬件条件日趋成熟，网络技术日益发达，网络安全已经能够保证。虽然存在一些经营者利用网络对自己的产品进行虚假描述的情况，但消费者会用鼠标进行公平的投票。真正的实力是诚信带来的实力，这是把事业做大做长的根本。从长远角度来看，弄虚作假者势必会被消费市场所淘汰，因而消费者可以放心在线购物。同时，我国的网络信用机制也在逐步健全，国家对电子商务行业日益重视，必定会采取许多措施来进行完善，以便为网络经济的可持续发展扫清客观障碍。

大数据促进了我国网络经济的发展，但其中的问题也逐渐显露出来，需要相关部门不断地去解决。例如，需要制定和完善相关的法律法规；需要商家不断地规范操作，诚信交易，透明公布信息；需要客户理性购买，用法律法规维护自身权益。在大数据背景下，在国家和全社会的共同努力下，我国的网络经济会不断地发展，同时也会向更加正规、透明、公正和具有可持续性的方向发展，从而促使我国经济更加繁荣昌盛！

第三章 网络经济模式

第一节 网络社群经济的特征及商业模式

一、社群经济概述

"社群"这一概念于1887年由斐迪南·滕尼斯(Ferdinand Tönnies)在《共同体与社会》中提出。他对社群的理解强调了人与人之间的密切联系及对社群深刻的归属感和认同感。随着互联网技术和社交平台的发展，网络中的个体正在根据自己的兴趣、情感需求、价值观的探索等因素逐渐聚集在一起，以便将现实的社群扩展成为网络虚拟社群。1993年，社会学家霍华德·瑞格尔德（Howard Rheingold）首次提出"虚拟社群"这一概念。本节的研究对象即为网络社群，主要是指网络中根据共同的目的，频繁进行互动和交流所形成的一个具有统一价值观的共同体。

社群是一种较为特殊的社会关系，具有相对稳定的群体结构，行为准则和价值规范比较一致，并且能够产生相对一致的行动。在这些特点的基础上，社群的商业价值得到了一定的表现，社群经济由此诞生。社群经济，是指围绕具有共同兴趣、观念和价值观的用户群体，提供他们所需要的产品或服务，通过社群内的互动、沟通、合作和互动，反哺产品和品牌，达到盈利目的的经济思维和经济模式。它由社群成员的归属感和认同感而确立，根据社群内的横向交流，满足社群及其成员的需求，重点是满足社群需求所获得的增值，并且进一步发展建立起社群内部的生态系统。

二、网络社群经济的基本特征

（一）聚合力和裂变性

移动互联网为人们提供了在任何时候、任何地方都能相互交流的平台，使人们的自由聚合变得非常简单，个体可以找到情投意合的伙伴进行高效的交流和分享。社群成员通过高度的自由、高频率和高效的信息传播和交流，敏捷地组建起"社群"，产生强大的凝聚力，推动了社群的传播。

由于在社群以外也存在着个体之间的联系，不同社群之间就因此交叉在一起。再加上人们需求具有多样性，不同的时间、地点、场景具有不同的社交需要，同样的个体可以在不同的社群间随意转换。社群之间这种高层次的关联性使社群的传播容易实现扩散，像滚雪球一样分裂变化。一个特定的爆点产生蝴蝶效应，呈几何级数放大。层聚力与裂变式传播相辅相成，构成社群在营销传播方面的重要特征。

（二）情感价值的传播

维持社群的关键在于文化传播、情感交流和价值认同。社群运营的核心是情感价值的传播。人类天生具有交流的欲望，在社群交互中满足需求、产生情感上的共鸣和价值认同。消费者认可某个品牌或某个人所表现出的人文价值，因此会积极参与社群的活动，主动提供智慧和创造力。人类区别于生物的本质特征是情感价值，生物社群如鸟群、蜂群、蚁群等的严密组织和操作效率，促进了人工智能科学的发展。但是，情感体验和价值传递只存在于人类社群中。

移动互联网社群一方面能够促进人们积极参与社群互动，满足情感需求，另一方面也能利用人们的情感来促进社群不断发展。用户之间在移动社交网络的基础上建立起来的信任和交流增强了商业价值。用户需求和信任合作的汇聚可以刺激多个垂直领域的创新应用和服务的发展。

（三）自组织传播和协作

自组织是社群的一个重要特征。自组织是个体之间自发组织和合作的系统和过程。个体相互作用和集体合作所带来的协同效应和创造力促进了自组织系统由简单到复杂、由无序到有序、由下到上的进化。从互联网向移动互联网的发展，极大地增强了人们的自由和互联性。在自发组织和自主参与的过程中，人们不断地进行互动沟通、协同生产和价值创造。个体学习者不断创造分散的内容，单个微内容是无关紧要甚至有许多错误的，但通过微内容之间的互动，相互纠错和调整，产生协同效应，从而形成从无序到有序、从低层次到高层次的知识创造。

社群自组织交流和协作创新是社群经济的核心原则，是社群经济与粉丝经济相互区分的本质特征。所谓"粉丝经济"是指粉丝对明星产品的传播和积极消费。从本质上讲，这仍然是单方面的消费行为。"社群经济"是指社群成员通过自组织参与生产、交流和消费，通过自组织参与和协作激发群体生产力和创造力，直接推动产品、服务和商业模式创新的全过程。社群互动机制不是自上而下、一对多的单向互动，而是社群成员之间的多向互动。信息、创意和产品等在社群互动中相互激发，创造有形和无形的多元化价值。社群成员参与产品的生产和创造，不仅限于信息产品，还扩展到更多类型的实体产品，推动了新思想、新产品和新服务的出现。

三、网络社群经济的商业模式

移动互联网社群的传播特性对生产、营销、消费等整个商业运营过程产生了变革性的影响,形成了全新的商业模式。

(一)用户参与的生产模式

传统商业体系中最重要的角色划分是生产者和消费者。在社群经济时代,消费者、传播者和生产者的角色相互重合。在移动互联网时代,社群平台和应用的推广促进了用户参与协同生产机制,形成了自组织生产经营一体化模式。基于社群互动,用户进行表达共享、创造性贡献、合作生产、传播口碑和自发性消费,体现出"生产者""传播者""消费者"三者的融合。移动互联网时代是一个追求新生、追求快速的时代。在这个时代中,技术不断开发,产品不断更新,用户需求越来越多样化和细化。企业无法独自应对这种创新速度,必须让用户参与产品和服务的创新。"众包"具有高生产率和创造力,是一种常见的合作生产方式,是一种有效的品牌创新手段。

(二)品牌社群的营销模式

以互联网和社交平台为基础,企业与消费者能够实时沟通,激发了消费者的参与和协作的意识,使企业和消费者能够共同创造品牌价值。品牌社群营销在营销理论中充分融合了各种营销方式,以重建品牌、社群、消费者之间的关系,并在社群相互作用中建立全新的营销模式。

1. 实时互动

移动网络社群中有大量活跃的消费者,企业与消费者以一对一、一对多的形式进行实时交流,让品牌融入消费者社群中,提高了品牌价值。

2. 激活参与

传统的营销是企业定义的,瞄准消费层,通过大规模、单向的大众营销来打造品牌,会使消费者处于被动地位。移动社群在消费者之间形成了实时的分享交流,使消费者的口碑比起传统的广告宣传活动更能影响消费者的态度和行为决定,更能将主动权转移给消费者。

3. 先社群后品牌

传统的品牌营销是"先有品牌,后有社群"。也就是说,企业为了提高品牌知名度,展开了大规模的广告和营销,然后建立品牌营销社群,从而增强企业与消费者的互动和品牌影响力。

(三)体验至上的消费模式

社群的重要特征是情感体验和价值认同,形成了体验至上的消费模式。传统的体验经济强调消费过程的体验,体验处于生产消费链条的下游部分;而社群经济是体验经济的发展,将体验元素渗透整个产业链的生产、营销和消费中,包括产品功能体验、情感体验、消费情境体验、参与生产体验等。

1. 产品功能和使用体验

移动端的产品需要满足用户的移动性、便携性等需求，因此对产品体验的要求尤为突出。

2. 是情感体验

制造独特情感体验是社群运营的核心。

3. 消费场景的体验

人们生活在全方位贴近的移动网络环境中，利用大数据为消费者提供其适合所处特定场所的准确营销和适用性服务十分重要，结合网络、应用、位置服务和移动支付等技术，提供一体化服务体验。

4. 生产环节的体验

社群成员本着互信原则，积极参与互动，共享消费体验，奉献产品创意，参与生产设计，以此满足自身对产品、功能、情感和价值等的需求。社群运营者为满足用户的要求，在生产产品的各阶段，都会向消费者提供全方位的融合体验。

目前，社群经济的发展还处于初级阶段，其经营模式还存在许多问题和不确定性。但作为一种新的经济形态，社群经济对于推动互联网时代的经济转型，特别是推动传统商业模式的转型和创新具有很强的参考价值和意义。

第二节　基于网络经济的金融管理模式

在网络经济环境下，人们的生活方式发生了变化，金融消费理念也在快速变革，这就要求企业及时创新金融管理模式，积极迎合时代发展变化，满足消费者不断变化的需求，只有如此才能够实现快速、有效的发展。在传统模式下，企业的金融管理往往较为"粗放"，管理过程较为简单，主要是根据统一性的制度开展硬性管理。而在网络经济环境下，企业的业务和客户需求等都发生了变化，这就需要企业对金融管理模式进行改革，借助互联网对各个方面的信息进行搜集，并开展针对性管理，只有这样才能够长远、持续发展。因此，研究网络环境下企业的金融管理模式有十分重大的意义。

一、网络经济环境中的企业金融管理模式

近年来，我国网络经济的发展速度不断提升，人们通过互联网开展各个方面的工作，借助互联网进行行业信息搜集和企业数据分析，还可以将互联网融入日常生活，如买卖衣服、定制餐饭、享受娱乐等。互联网无处不在，互联网经济全面兴起。而这种现象带来的直接后果就是人们的生活习惯发生改变。企业必须迎合互联网经济的发展，对自身的金融模式进行改革和创新。而要想推动企业金融管理模式创新，就必须对互联网时代的企业金

融管理的具体模式进行探究和总结，分析互联网经济为企业金融管理带来的影响。具体来看，在互联网经济环境下企业金融管理模式有如下模式：

（一）集中化管理模式

在网络经济下，电子技术得到了全面运用，金融系统的电子网络化已经成为世界金融业发展的基本趋势。而且，大数据技术能够对各个方面的数据进行集中，这就要求企业做好电子技术的运用，对各个方面的信息进行全面化搜集，从而对金融业务进行科学化和集中化管理。

（二）集约化管理模式

在互联网经济快速发展的大背景下，企业所面临的金融数据信息更多，各种各样的信息鱼龙混杂，这些信息给企业发展带来了双面影响，这就要求企业要对信息进行充分筛选，选择出更为优质的客户群体，使企业的管理和发展等都建立在优质客户的基础之上，并明确营销重点，构建统一、集中、协调、高效运转的营销体制和方式，只有如此才能够推动企业高质量发展。

（三）专业化管理模式

网络经济虽然给人们带来了更多的便捷，但其自身也存在诸多风险。企业在开展金融管理的时候必须做好全面性分析，建立严格、科学的管理模式，提升金融管理的专业性，这样才能够降低风险。①应当对专业化人才进行管理，提升人才的专业性。②要对各个部门加强系统性管理，提升规范化管理的水平和力度。

整体来看，不同企业的金融管理现实情况不同，各个企业应当结合自身的情况对金融业务进行管理，要提升管理的科学性和专业性。

二、网络经济环境下企业金融管理存在的问题

在网络经济环境中，我国企业金融管理模式虽然得到了一定程度的优化，但是整体来看，金融管理模式还不是十分科学，在具体的金融管理中还存在诸多问题，具体如下：

（一）制度不健全

虽然我国市场经济的运行相对较为稳定，但是我国政府对于网络金融的管理还不是十分科学，在管理中还存在诸多不足。其中，最为明显的问题就是没有根据金融市场的发展情况制定健全的管理制度，当前所采用的法律规范存在诸多问题和漏洞。例如，大部分金融方面的法律规范都是针对实体金融而言的，很少会涉及网络金融，即便有一些与网络金融有关的法律规范，也并不全面。这就导致很多借贷平台钻了法律的空子，对投资者进行诈骗，给投资者造成了较大的损失。

（二）金融管理模式不合理

企业金融管理模式是否科学合理，直接影响企业金融管理的效果。如果金融管理模式

较为落后，那么就会导致金融风险增加，因此做好金融模式的选择尤为重要。然而，当前我国很多企业的管理者并没有认识到金融管理模式的重要性，开展的金融管理活动往往较为笼统，不注重管理的有效性，导致金融管理问题重重。再加上计算机软件和硬件往往存在诸多漏洞，例如，黑客可以通过各种途径进行金融信息的盗取，或者采用病毒、木马等形式进行攻击，都增加了金融管理的风险。

（三）专业化人才欠缺

在网络经济环境下，金融管理模式的优化离不开专业化的网络金融人才。只有专业化的网络金融人才，才能在综合考虑网络安全和金融技术等各个方面因素的同时，对网络金融进行有效的管理，推动网络金融向更加科学的方向发展。然而，从当前的情况来看，我国虽然兴起了一批网络金融平台，网络金融方面的业务也在不断增多，但是与之相关的人才并不多。很多金融方面的人才都仅仅是对实体金融发展较为关注，在该方面的业务能力较高，却并没有跟随互联网的发展及时对自身的思想观念进行转变，也没有对技术进行更新，这就导致互联网金融的管理较为落后，阻碍了互联网金融的快速发展。

三、网络经济下优化企业金融管理模式的具体对策

（一）构建健全的法律制度

结合网络经济发展速度快、传播范围广等特征，我国政府应当针对金融管理风险制定具有针对性的法律规范，对网络金融的发展进行有效约束和管理，规范网络金融相关人员的行为，推动该行业的良好、快速发展。例如，可以对现有的法律规范进行调整或完善，根据网络金融的发展情况对法律规范进行细化，确保法律规范能够涉及网络金融发展的每一个环节，不断提升法律规范的有效性。同时，我国政府还要加大监管力度，构建专门化的监管小组，对互联网金融行业的监管任务进行分工，做好职责划分，明确监管目标，为互联网金融行业的有序发展保驾护航。另外，我国政府还要做好各个方面的信息保护，降低黑客的攻击率，并根据当前网络经济的实际发展情况构建对应的网络交易保护法案，促进网络金融健康、持续发展。

（二）选择科学化的金融管理模式

（1）企业领导要认识到金融管理模式的重要性，并对网络经济进行详细分析，将其与金融管理结合起来，不断提升金融管理的有效性，选择科学化的金融管理模式；应当提升安全意识，做好各个方面信息的保护；要对网络金融有一个全面的认识，明确网络金融的利弊，并做好安全性分析，及时采取有效措施减少安全隐患。

（2）国家应当提升信用监管的力度，对于那些违法国家规定、不按要求开展金融业务或者不按照规定还贷的个人或者企业，应当将其纳入失信名单中，使其付出较大的失信成本，对其责任进行追究，从而有效降低失信的概率。如此能够推动网络经济下金融行业的

发展更加科学，有效降低金融风险。

（三）加强专业化人才培养

互联网金融行业属于综合性行业，其涉及的学科较多，例如涉及经济学、会计学、管理学等各个方面的内容，这就要求从事互联网金融的人才具备较高的综合素质，所以必须做好专业化人才建设。

（1）要提升人才的准入门槛，设定相对应的标准，只有满足标准的人才才能进入互联网金融行业中从事该方面的工作，推动互联网金融行业的更好发展。

（2）要做好人才培训。互联网金融企业的管理者应当认识到人才的重要性，定期对企业的人才开展培训，为其灌输新知识和新技能，对员工的潜力进行挖掘，促进人才总体素质的全面提升，以便人才更好地服务企业，推动企业长远、持续发展。只有如此才能够对互联网金融管理模式进行优化，为互联网金融行业的更好发展提供人才保障。

（四）设计科学化的网络金融管理系统

为了推动网络金融行业的更好发展，国家应当加大该方面的研发力度，尽量研发专业化、多元化和人性化的管理系统，针对不同类型的主体制定相对应的应用软件，使各个主体都能有效开展金融业务。同时，相关主体还应当通过该系统开展金融管理、信息交流和风险防范等方面的工作，不断提升工作的有效性。企业还应该借助该系统进行信息的搜集和分析，对网络经济下金融行业发展的现实情况进行分析，从而选择更加科学的金融管理模式，增强发展的有效性。

在网络经济模式下，金融行业的发展取得了明显的成效。但是，在发展中也存在诸多问题，多数企业的金融管理模式还不是十分科学，影响了企业的更好发展。因此，企业必须结合网络金融当前的现实发展情况，制定与之对应的解决策略，从而推动互联网金融更好的发展，促进企业金融管理模式不断创新。本节提出了几个具有针对性的金融管理模式创新策略，希望能够为互联网经济模式下企业金融管理模式的创新提供参考和借鉴。

第三节　网络经济时代的电子商务模式

网络经济时代主要是指在信息化背景下，网络得到了广泛应用，并促使社会经济发生了巨大转变，推动经济发展进入了新时期。相较于以往的经济时代，网络经济时代拥有较为鲜明的特点，主要以基本知识为根本，在此基础上将创意、相关知识融入其中，进而形成了全新的经济活动。同时，人们在网络经济时代，可以充分地使用网络来获取知识，然后对这些知识进行处理和加工，最后创造优质的经济产品。如今，传统经济中的工厂、土地等已经被逐渐取代，资产评价和经营模式也悄然发生着变化，勇于创新、善于转变已经成为网络经济时代的主流。在网络经济时代下的电子商务需要尽可能地对电子商务模式进行创新，只有这样才能实现电子商务的可持续化发展。

一、网络经济时代的电子商务模式创新的特点

（一）多元化特点

网络经济时代的不断发展，给企业带来了一定的机遇和挑战。企业如果一直使用传统的营销方式，那么就不能很好地适应网络经济时代的需求，以至于抑制企业的发展。因此，企业要想实现高质量、高效率的发展，需要在科学控制经营成本的前提下，加强对电子商务的应用，只有这样才能帮助企业实现发展规划，为企业今后相关工作的开展打下坚实的基础。

以企业应用电子商务为例，将托管方式引入企业营销中，不仅可以帮助企业将产品信息全部记录下来，还可扩大企业产品在市场中的影响力；同时，在先进信息技术的帮助下，企业可以建立良好的网络互动平台，进而为企业和客户构建互相交流的渠道，使企业更好地了解和解决客户的所需，从而提高企业的整体形象和社会影响力，提升电子商务在企业中的实际应用价值。

（二）合作性特点

如今，我国电子商务行业在网络经济的影响下获得了较多的发展机遇，但是也进一步加大了市场竞争，使得电子商务模式在发展和使用的过程当中出现了种种问题。面对如此形势，不同企业在对产品进行研发和创新时，在技术能力和技术水平方面存在着较大的差异性，而这些差异性的出现加快了企业之间的合作。

二、网络经济时代的电子商务模式的发展现状

在社会经济不断发展的背景下，我国经济一直向好的方向不断进步，人们的生活水平得到极大提升，拥有的财富逐渐增多，因此加大了对生活用品的需求，电子商务出现在人们的视野之中，进一步满足了网络经济时代中人们对购物的要求。在经济全球化的浪潮下，企业的经营方式逐渐倾向于电子商务模式。作为信息网络的主要产物，电子商务模式相较于传统的模式具备便捷化、高效化等特点，还在根本上打破了时间和空间的局限性。此外，国外的买家可以通过多元化的软件与企业进行沟通，企业可以用视频的形式向国外买家展现商品。如果这些买家十分欣赏该商品，企业就可以与对方远程签订合同，这样可以节约企业成本。面对如此大的优势，国家提高了对电子商务的管控力度，并颁布了法律法规和规章制度来净化电子商务的经营环境。此外，国家还加大了对电子商务的投资力度，并在全国各个地区加强了网络设备的建设，通过该方式推动电子商务的进步和发展。然而，电子商务在发展的过程当中依然存在着或多或少的问题，从而阻碍了电子商务的发展。

三、网络经济时代的电子商务模式存在的问题

（一）政策支持不足

尽管我国已经开始意识到电子商务对国家经济发展的重要性，并切实制定出一些法律法规和规章制度，但是这些政策对电子商务行业的约束力和管束范围仍有限，致使部分企业并没有享受到良好的政策扶持。此外，还有部分地区的管理人员没有意识到电子商务的重要性，进而忽视了对相关政策的落实，阻碍了我国电子商务的进步和发展。

（二）电子商务融资较为困难

就目前来说，电子商务是一种崭新的商业发展模式，相较于传统的方式，并不需要大量的资金，只需要拥有足够的人力和物力确保企业有序运行即可。然而，资金的匮乏也在某种程度上体现出企业信用不足的情况，因此，电子商务企业在进行贷款的过程当中很难得到放款机构的支持。同时，我国的电子商务市场发展较为缓慢，依然处于底层，致使大部分投资公司都不愿意将资金投放到电子商务企业中，从而造成电子商务融资困难。

（三）缺少专业的人才

我国对电子商务人才进行培育时存在着许多问题，没有形成科学的人才培育架构，即使部分高校设立了电子商务专业，但是由于培育缺乏科学性和合理性，导致出现较大的断层，并且学生在毕业之后不能将学习到的知识应用到实践当中。此外，教授电子商务课程的教师也没有经过严格的专业培训，基本上都是依靠自学，在教学时也只能照本宣科，不能对具体内容进行深入解读和讲解，进而抑制了电子商务人才的培养。

四、网络经济时代的电子商务模式创新的策略

（一）对技术进行创新

对电子商务技术进行创新有利于促进电子商务模式的创新。我国要积极借助大数据技术和人工智能技术，加快电子商务模式向智能化方向发展，同时还需要加强数据价值与数据之间的关联性，在对数据进行有机整合之后挖掘数据的潜在价值。与此同时，我国还需要进一步提高对大数据技术的创新和使用，只有这样才能在根本上加快我国电子商务模式的可持续化发展。

需要注意的是，在对电子商务技术进行创新的过程中，企业需要投入大量的资金。从企业的长远发展来看，企业不仅要在技术方面加大投资，还要有效地引进具有创新性的成果并进行应用。除此之外，企业还要对电子商务技术风险进行预测和防范，在企业内部加强对工作人员的培训，提升工作人员预防风险的意识，从而保证技术创新工作有序进行。

（二）对运营方式进行创新

企业要加强对电子商务平台的建设，促进企业运行方式的创新。①企业要对电子商务服务平台进行创新，通过将信息与物流进行结合，创造出新型的组织模式，确保该模式可持续化发展，进而在根本上发挥出相互促进的作用。②企业要对销售渠道和销售平台进行创新，通过不断扩大销售来吸引消费者的注意力，确保企业可以获得足够的经济效益。③企业要对宣传平台进行建设，利用当前热门的网络媒体加大对企业宣传的力度，促使企业与消费者达成交易，从而增加消费者对该企业的了解。

（三）对模式进行创新

随着信息技术的不断发展，我国已经逐渐步入5G时代。在5G时代，我国要加大对电子商务模式的建设，将5G自带的优势有效融入电子商务模式的建设过程之中，并以电子商务信息服务为核心，进而实现物流与销售的有机融合，确保企业和消费者都能在第一时间了解物流状态。

现如今，我国的综合实力和经济实力在世界名列前茅，拥有较强的影响力和地位。网络经济时代的到来进一步给电子商务行业带来了发展的机遇。然而，电子商务在发展的过程当中依然存在着较多的问题，要想在竞争激烈的网络经济时代中占据一席之地，需要对网络经济时代的电子商务模式的现状和存在的问题进行细致研究，针对该模式存在的问题或待改进的地方提出相应策略，切实推动电子商务模式的创新，使电子商务能够更好地服务群众，并为我国的网络经济的稳定、健康发展奠定基础。

第四节　网络经济模式下现代企业运行模式

随着互联网技术和信息通信技术的普及和提升，人类社会已经进入了全新的时代——网络经济时代。在这一时代框架中，形成了明显的网络效应。在西方国家，对网络效应的研究相对较早，在20世纪80年代就已经初现端倪。到目前为止，信息产业已经在全世界得到了蓬勃发展，为网络效应提供了越来越多的案例。同时，在网络效应明显的市场上，企业的运行方式和竞争策略都发生了改变，其原因在于资源存量的有限性和资源分布的不均衡性这两个主要限制使得企业的战略缺口越发明显。

一、网络经济的特征解析

（一）网络经济的"反馈机制"更加明显

网络经济时代的信息传播方式较其在以往社会中有了明显的改进，因此"反馈机制"显得更加明显和有效，无论是负反馈还是正反馈都是如此。在传统经济社会中，负反馈主要表现为企业发展的阻力,即需求受到了供给的阻力;同时也被视为摩擦力的一种,主要表现在企业的制造、分配和销售过程中的资本支出,属于收益递减的范畴。而正反馈的情况正好相反,它指的是在市场的变化能够对企业的发展产生正向的推动,如企业通过降低价格最大限度地锁定特定的消费群,尽量发展长远客户,在强化产量持续增长的同时,使市场逐渐趋于饱和。

(二)改变了传统的供需平衡机制

在经典经济学中,生产规模与需求之间存在紧密的关联,企业会依照消费者需求的变化对生产过程进行调整。当需求下降时,企业会调低产品价格,并进一步引发供给能力的下降;相反,商品价格的升高会导致供给规模的扩大。但是,在网络经济框架中,供需平衡的规律被颠倒了。这是因为"经济摩擦"的减少导致企业之间、企业和消费者之间缺少必要的抵触因素,因此,企业在面对需求时可以随着生产的变化对生产过程进行自主调整。其传导机制为"供给—价格—需求"。一般而言,供给能力的提升能够导致价格下降,同时刺激需求的增长;进一步的,优惠促使供给增长,使价格回落到一定水平,在进一步刺激需求的同时循环往复,形成一个闭环系统。

二、网络经济模式对企业竞争环境产生的影响

(一)对市场营销组合的影响

创新的产品不仅要注重外观,更应注重本质和售后服务,卖点应立足于消费者效用最大化。在传统的商务模式中,从企业到消费者之间往往要经过批发商、零售商等多级营销链。营销链的存在使消费者难以与企业沟通,并且也增加了企业的营销费用。由于网络直接联系了企业与最终客户,使传统的中间商业环节被替代,并使网络营销渠道的开辟成为可能。此外,企业为了提高知名度往往要进行宣传。事实证明,互联网上的广告费用要比传统媒介广告费用低得多,而且企业还可以通过网上贸易提供全球式的广告宣传,扩大企业的知名度,增加商业机会。

(二)对企业文化的影响

在网络经济框架下,企业的组织结构更加扁平和科学。这实际上已经改变了工业企业中社会文化的基础,不可避免地要对企业文化形成一定的冲击,企业文化的内涵也要被赋予新的解释。比如,在网络经济时代,企业文化的重要性被重新认识,其重要性被越来越多的企业所关注,甚至成为提升企业绩效的重要手段,尤其在实行分权化管理的网络化层级结构中,不同的工作单元最终发展成了企业的决策中心,其管理中枢主要借助信息的共享全面影响、引导和协调这些单元的决策,并保证决策工作能够被正确组织和实施。此外,在网络经济时代,消费者的个性化需求越来越明显。为了满足这些需求,企业就需要改变的传统管理和运营方式,并在企业文化的指引下,构建速度型文化和创新型文化;在学习

型组织之中，将更多更好的文化因素与企业的运行模式相融合，获得文化和企业绩效的双向进步。

（三）对组织结构的影响

大量的实践已经证明，企业组织结构模式的设置与经济形态有直接的关联。在人类走过了工业经济时代，逐渐向新经济时代迈进的过程中，需要对企业组织结构进行全方位的调整，这是时代发展的必然趋势。这是因为，企业组织结构设立的初衷在于借助解决有限理性和降低交易费用，最大限度地提高企业的管理效率和管理能力。在网络经济时代，由于人机对话的出现以及大量知识与信息的推动，信息资源的共享和企业内部的成本管理是企业的组织结构逐渐趋向于扁平化，企业组织结构中的决策层和作业层之间的中层管理人员逐渐失去了存在的必要性。在这种情况下，一个科学化的组织结构取代了传统经济中的组织机构。与此同时，企业组织的员工也"独立出来"，不再是企业的附属品，而是以企业一般意义上的合伙人的身份出现，使企业的决策效率更高、效果更显著。

三、网络经济时代的现代企业的竞争策略

（一）差异化策略

在网络经济时代，知识的流入和流出过程更为复杂，大量的生产过程都要经过计算机的控制才能达到预期的效果。在这种情况下，产品的多样化和差异化支出逐渐减少，甚至有趋于零的趋势。所以，要改进传统的大批量生产过程，在把握其规律的同时，在某些领域里进行多样化和差异化的生产，按照消费者的需要，生产适销对路的产品，并通过营销手段发掘新的消费者、发展新的消费者关系等。与此同时，消费者的角色也发生了改变，企业可以将其纳入企业的生产设计和产品营销环境，让其扮演参与生产过程的生产消费者的角色，全面提升企业参与市场竞争的能力。

（二）人才策略

网络经济是知识经济的重要表征。在网络经济中，知识的重要性是不言而喻的。为了在网络经济活动中获得竞争优势，企业需要在内部和外部展开人才战略。为此，企业需要最大限度地利用和改变制度环境，在更大的范围内树立企业尊重知识、尊重人才的全新的经营理念，并通过构建切实可行的人才引进和培养等激励制度，使企业吸引人才和留住人才的工作能够顺利地进行，并在企业文化氛围的感染下，使企业的发展更加顺畅。当然，这也有助于企业激发和释放创新能力，使企业处在更为宽松的环境之中。更为重要的是，这样一来，能够有效增强企业人员对企业的归属感和成就感，尤其当企业的精神激励与物质激励结合在一起时，更能够提高企业在市场上的竞争能力。

（三）企业合作

在网络经济框架下，当一些企业具有共同的市场需要，或者有共同的对技术的保密或

者成本的考虑时，应该通过企业合作的形式共同出资经营相关业务，实现共担风险、共负盈亏。当金融机构难以独立完成资讯管理时，可以对其进行利益分析或者利益相关者分析，对其不愿外包的部分进行企业合作，充分联合一些金融机构在共同出资的基础上，建立起专门的部门处理资讯管理业务，或者通过合并的方式对资讯业务进行集中的管理，以此产生规模效益。这样一来，不但实现了虚拟化的网络合作，还在一定程度上节约了运营成本，实现了规模经济。

第五节　网络经济模式下中小企业营销管理模式

改革开放以来，我国企业的数量以前所未有的速度增长，不断涌现的企业引发了同行业企业间日益激烈的竞争。营销管理是企业树立营销理念、制定营销组合、实施营销方案、满足消费者需求和企业利益的动态的、系统的管理过程。营销管理是企业经营管理的重要组成部分，营销管理模式是影响企业发展的重要因素。随着信息化时代的到来，网络的飞速发展为经济形式提供了更多的可能，也为中小企业营销管理模式的创新提供了平台。相比于大型企业，中小企业在资金、人才、技术诸多方面都处于劣势，因此，更需要在战略层面做好发展规划，找到自身的独特优势，从而在激烈的行业竞争中立于不败之地。企业营销管理模式的创新首先要对市场进行充分的调研，其次要对自身的营销管理模式进行反思和革新，从而建立科学和合理的营销管理模式。

一、网络经济模式下中小企业营销管理模式创新的意义

营销管理模式的目标是为企业发展提供服务，企业最初的营销目的是赢得行业内部的竞争，因此，早期的企业营销管理模式的核心在于竞争，也就是通过分析企业自身的特点以及同行业中其他企业的相关信息，找到自身在行业竞争中的优势并有效发挥，使企业能够在行业竞争中脱颖而出。这一思路的根本在于行业资源的有限性，企业只有通过与同行业的其他企业竞争才能获得经济效益。随着时代的发展，科技进步引发了整体营销环境的变化。企业不必通过挤压其他企业的市场份额获取利益，即在竞争上并非具有完全的排他性。通过自身体制的革新，企业可以获得更多的经济效益。因此，企业营销模式逐渐从竞争模式转变为构建模式，即通过构建更加科学和合理的营销模式提高企业的整体经营水平。

随着网络经济时代的到来，中小企业面临全新的机遇和挑战。网络经济时代背景下中小企业的营销管理模式，受到资本、技术等方面的限制更少，因而更具灵活性。2001年，我国加入世界贸易组织后，中小企业不仅要应对国内激烈的行业竞争，还要面临国际上更为严峻的行业竞争的考验。中小企业必须通过创新自身营销管理模式，不断提高核心竞争力，才能在激烈的行业竞争中立于不败之地，反之则有可能面临被行业淘汰的危险。

二、网络经济模式下中小企业营销管理模式存在的问题

（一）营销管理观念存在局限性

对于营销管理模式在企业发展中的重要作用，中小企业已经普遍达成了共识。然而，在如何构建最有利于企业发展的营销管理模式这一问题上，中小企业的观念往往存在局限性，主要体现在以下三个方面：

1. 观念落后

许多中小企业对营销的认知还停留在由销售人员进行推荐和宣传的层面，对网络经济时代的新型营销模式知之甚少。传统的营销工作重点在于根据市场需求提供优质的产品，提高产品的销售率。这种观念的起因是对于网络经济缺乏应有的认知，不利于企业建立符合时代需求的营销模式。

2. 观点片面

虽然许多中小企业认识到营销是为消费者提供其所需要的产品或服务，但是忽略了对行业整体情况和市场需求的深入调研。对行业发展动向没有准确的把握，往往会导致产品的更新迭代方向与行业需求存在偏差，最终丧失市场竞争力。

3. 目光短浅

中小企业管理者通常只注重行业当前的需求，而忽视了行业发展的趋势，这种错误观念不利于企业的长远发展。行业虽然处于不断变化之中，但存在整体的发展趋势。如果企业管理者对行业发展趋势视而不见，则很难适应行业的变化。

（二）营销管理模式缺乏科学性

网络经济时代营销管理模式的构建需要中小企业深入开展行业调研，对收集的信息和数据进行整理和分析，对未来行业发展形势进行准确的判断。然而，许多中小企业管理者并没有通过调研了解未来行业发展趋势，营销决策更多的是基于一己之见，而非基于精确的数据分析，从而增加了决策失败的风险。有些中小企业管理者即使了解行业调研的重要性，在开展行业调研时也存在以下问题：①企业市场调研人才匮乏，调研能力不足，调研方法单一，对于收集的资料和信息不知道如何处理和运用，从而无法实现调研的目的；②只注重行业局部情况的调研，而忽视了对行业整体情况的研究。例如，企业重视的是对产品的定价、销售渠道等单笔订单的数据分析，却疏忽了对行业整体需求、消费者反馈等情况的调研。

（三）营销管理模式缺乏统筹性

企业可以通过市场需求分析，结合自身的特点和优势制定适宜的营销管理策略，如通过营销激发市场对某一产品的需求，从而达到销售产品的目的。当前，许多中小企业营销管理模式存在的问题是缺乏统筹性，只是根据市场需求被动地提供产品、开展营销活动。

虽然有些中小企业制定了长期的营销战略，但忽略了网络经济时代消费者需求的变化，仍然沿用面对面、打电话、上门等传统的营销方式。这些传统营销方式相比网络营销不但成本高而且效果差，浪费了大量的人力和时间却没有实现销量的大幅度提升。一些中小企业的营销管理模式是由销售人员主导制定的，销售人员对于企业的整体状况缺乏全面的了解，很难统筹考虑各方面的因素制定最有利于企业发展的营销模式。销售人员往往只看重短期的营销效果，而忽视行业长期的发展趋势。从企业长期发展来看，这样的营销管理模式将会使企业错失行业发展的机遇，最终导致企业被淘汰。

（四）营销管理模式违背诚信原则

诚信不仅仅是一种道德规范，也能为企业带来经济效益。个别企业一味追求短期的经济利益，逾越了诚信经营的红线，在营销过程中以虚假宣传、以次充好、过度包装等方式欺骗消费者，以谋求更大的经济利益。从短期的效益来看，产品销量得到了快速的增长，但是这种不道德甚至违法的行为严重损害了企业的公众形象，导致企业必将失去消费者的信任。对于消费者来说，他们通过网络购买的产品如果出现质量问题，则维权成本高且难度大。因此，他们在选购产品时格外重视产品的口碑。如果企业的营销模式违背了诚信原则，就会大大影响产品在网络上的口碑，最终导致消费者拒绝选择企业相关的产品。而企业信誉一旦受损，将很难修复。消费者在购买虚假宣传、质量低劣的产品后，不但蒙受了经济损失，甚至可能遭受安全、健康方面的危害。这种严重的后果使得消费者不会再次选择失信企业。长此以往，企业积累的客户就会由于信任危机而逐渐流失，不利于企业的长期发展。诚信经营是企业发展的根基，因此，中小企业在营销管理过程中一定要重视维护自身的信誉。

三、网络经济模式下中小企业营销管理模式创新的路径

（一）转变营销管理观念

企业的市场营销观念经历了从生产观念、产品观念、推销观念、市场营销观念到社会市场营销观念五个阶段的演变过程，但是许多中小企业还在奉行传统的生产观念、产品观念、推销观念。在网络经济时代，企业管理者的营销管理观念要向以消费者为中心的市场营销观念和以社会长远利益为中心的社会营销观念转变，正确处理企业、社会和顾客三方的利益关系。在发展初期，中小企业通常采用低价策略打入市场，迅速占领市场份额，以快速获取客户的认可。这种销售策略存在企业不能通过低价销售获得足够的经济利润，甚至导致企业亏损的弊端。因此，企业需要及时转变营销观念，在稳定客户群体之后，为客户提供更加优质的高价产品。为了让客户接受产品价格，企业需要提供相对应的产品配套服务。例如，为客户提供一对一的售前与售后服务、专业化的配送服务，通过提供优质、高效、全方位的服务提高产品的溢价，从而保证企业的利润。中小企业的营销决策既要通过满足消费者的需求获取营销效益，还要兼顾消费者和社会的长远利益，将消费者和社会

的长期福利作为企业的责任和目标。

（二）组建专业营销团队

营销管理、网站建设、数据分析均要求企业具备相关的人才和技术，因此，中小企业营销管理模式的创新需要加大管理和技术人才的引进和培养力度，组建一支专业化的营销团队。组建营销团队可以通过"引进＋培养"的方式进行，既可通过直接招聘具备相关工作经验、知识和技能的人才，也可让企业现有的员工通过合理的、规范的意识培训、知识培训和技能培训转型为团队成员。意识培训包括竞争意识、危机意识、发展意识和团队精神等内容，技能培训包括销售技巧、谈判技巧和信息技术等内容，知识培训包括企业文化、企业制度和产品培训。此外，打造专业化营销团队还需要建立合理的薪酬和绩效考核制度，将企业的发展目标与员工个人的发展目标有机地结合起来，力求个人与团队共同进步。

（三）优化网络推广策略

随着新媒体的介入、电子商务的飞速发展和新时代消费风尚的兴起，产品推广由实体店、电话、邮件等传统模式逐步向淘宝、京东、当当网、拼多多、阿里巴巴国际站、亚马逊、速卖通、易贝（eBay）、Wish平台等国内或跨境电商平台的新型模式转变。网络推广是指企业通过网站、应用软件、小程序等以互联网为载体的平台将企业产品或服务展现给网民的广告方式。中小企业应当充分利用新媒体时代网络推广的个性化、多样性、交互性和及时性的优势来推广产品。许多中小型企业在初创阶段通过低成本的网络推广达到了提高品牌知名度的目的，并根据自身的特点制定了适宜的推广策略，取得了一定的成效。制定网站推广策略首先要深入了解企业产品，合理定位目标群体和推广方式；其次要了解竞争对手的产品和推广方式，知己知彼，百战不殆；最后要善于分析网络后台数据，了解消费者的性别、年龄、消费水平、行为特征和地域文化，定期评估推广效果，实现产品精准化、个性化和低成本的推送。

（四）加强企业网站建设

中小企业相对于大型企业来说在资金、人才和技术方面往往处于劣势，因此，中小企业网站建设的重点是如何在保证网站运行效果的情况下，最大限度地降低企业成本。目前，许多中小企业网站建设是通过外包给提供一站式服务的网络公司来完成的，这在一定程度上减少了企业对网络专业人才和技术的投入。企业网站建设的目标是为客户提供更好的服务，因此，网站建设应当遵循客户至上原则，也就是将满足客户需求作为网站建设的最终目标。网站设计应基于客户视角，让网站更便于客户操作；既要让客户通过网站获取所需的产品信息，还要通过网站展现企业的良好形象。网站不仅可以作为提供服务的平台，还可以作为企业宣传的窗口。网站建设只是企业进行网络推广的初期工作，更重要的工作是后期对网站的日常维护。如果网站疏于维护，就可能导致产品信息过时、网站无法打开等，势必影响客户的使用体验，进而影响客户对企业的信任。因此，只有加强网站建设，确保网站稳定、高效地运行才能充分发挥网站的作用，达成企业的营销目标。

(五）开展企业网站评估

企业网站建设与运营是否达到预期效果，需要运用科学、合理的评价指标体系进行评判。评价指标体系可分为总体运营、经营环境、营销活动、用户行为和客户价值等多个维度。中小企业要定期开展网站评估工作，评估标准包括网站的访问量、停留时长、客户互动时间和客户满意度等内容，并对这些内容进行量化分析。通过网站评估，企业一方面可以了解网站的运营状况，发现问题，及时整改，提高企业的信息化水平；另一方面通过网站消费者的访问、浏览、注册和下单等行为特征以及销售数据分析网站运营情况，在此基础上了解市场和消费者反馈，从而有针对性地优化产品，使产品更加符合市场需求。只有这样，企业才能在激烈的行业竞争中获得成功。

营销管理模式作为企业经营管理的重要组成部分，对于中小企业的成功发挥了至关重要的作用。在网络经济时代背景下，中小企业的营销管理观念存在局限性，营销管理模式缺乏科学性和统筹性，营销管理模式违背诚信原则等问题还普遍存在。中小企业应当顺应时代发展，通过转变营销管理观念、组建专业营销团队、优化网络推广策略、加强企业网站建设、开展企业网站评估等方式创新营销管理模式，不断提高企业在网络经济时代的营销能力，进而在日益激烈的行业竞争中脱颖而出。

第四章 网络经济管理

第一节 网络经济管理的必要性

存在网络经济,就存在经济内容上的变革,也就必然带来经营管理变革。网络经济是以网络为工具和运行环境的经济。网络经济的经营管理就是经营管理主体在网络环境当中,使用相关的网络软件和硬件,运用网络思维,对各种经济资源和生产要素,尤其是各种信息资源进行的计划、组织、协调、控制活动,以便优化企业的内外各层次的沟通,通过企业管理目标的达成实现企业更好的生存和发展。

网络经济经营管理的复杂性表现在两个方面:一方面,网络经济经营管理是以网络为工具的经营管理,这是思路、方法、模式的问题,也是网络经营管理一词最主要、最基本的意思;另一方面,网络经济的经营管理必然又是在网络上完成的经营管理,这是工具、过程、手段的问题,网络与经济的融合同时伴随网络与经营管理的融合。这两方面含义的合二为一构成了完整的网络经济经营管理的内涵。

一、从网络对管理诸要素作用方式的变革看网络经营管理的必要性

管理的要素包括管理者、管理对象、组织结构、责权划分和规则纪律,这些要素构成一个作用系统,使企业的生产和运营更加完整、高效和可控。网络融入企业生产运营的各环节之后,在根本上会影响各种管理要素发生作用的方式和过程。

生产准时制的前身是日本汽车生产企业的"看板"(即一种写有标准信息、具有标准格式的木板)系统。"看板"系统采用以顾客需求为出发点的"拉式"生产,前一生产环节只关注后一生产环节传递过来的有关生产数量、时间和要求的"看板",再组织好本环节的相应生产信息,向上传递。这样,在整个生产系统之内,由于"看板"系统的作用,提高了各环节的信息到位速度和到位率,降低了各环节的零件库存费用和由不确定生产信息造成的损耗,又最大限度地降低了产成品库存积压,实现了"拉式"生产和实时生产。

在"看板"系统环境当中,各种管理要素的作用过程和方式都有了革命性的变化。更进一步,当企业的内部网和外部网建立起来,取代了"看板"系统之后(其实二者的思路

是一致的,是同方向的历史进程上的前后环节),这种变化最终把信息资源要素的核心主导作用突显出来。这种终极的变革反映在管理要素上是全面且深刻的。

(一)经营者和管理者的主要精力的转移

经营者和管理者的主要精力将不再放在人际关系、人机关系和责权关系之上,即不再以单独的个体为出发点,而是首先强调个人的信息或各种关系的信息表现,信息和网络的主动性变得越来越强,决策的可能性不断增加,合理选择多种多样。经营管理者也许最终会转变为一个信息筛选工作者。当经营管理者进行一个组织结构变动时,其可以从网络上获取与本企业相关的组织结构的历史信息,可以获取与同行业相关的横向信息,也可以获取上级下级在网络上公布的建议。这样,管理者的信息决策能力就显得异常重要。这种说法也许超前了一些,却可以强调决策者在网络经营管理中决策方式的变革。

(二)组织结构和责权划分

传统管理理论关于企业组织结构理论的发展,从直线职能到矩阵结构,本身就表明了一种以树形的科层制向网络结构发展的轨迹。这种发展并不一定说明管理组织的设计在网络的作用下将逐步扁平化,而是淘汰了各种损耗性或迂回性的中间环节,达到从战略层到操作层的直线最短距离。但这种发展必然可以说明的是,组织设计及相应的责权划分将不断适应信息资源流动的主导地位,将从传统的首先考虑人与生产环节的匹配和结合转变为首先考虑人、财、物、文化资源同各种信息资源的匹配和结合。这样的组织设计和权责划分,首先拓展出基于企业各层信息权力的管理部门;然后,基于企业内部网和外部网的使用而产生的相应的信息资源开发和服务部门,还有基于企业之间信息公开和业务融合而产生的前向和后向的业务拓展部门、通过网络进行交易洽谈和商业推广的部门等。由于网络经济所突出的是以消费者为起点进行的"拉式"生产和个性化服务,企业组织和责权划分将以从事消费及市场信息的收集、加工、处理的信息部门为核心,向外呈星形地联接起各个不同的资源运用部门和主体生产部门,外围的各个部门之间又通过企业内部网进行次一级的信息交流和协作。核心信息处理部门可能是唯一处在总经理之下的职能部门。这也是一种较为理想的设想。在过渡阶段,我们看到的更多是网络设施对原有企业组织结构的分别配备,但是,即使这样也已体现了"拉式"生产和个性化服务的极大力量。

(三)网络经济模式下经营管理对象的变革

从事生产离不开人力、资金和物质要素,在网络经济环境中,各种资源要素的组合都以信息资源的变化和流动为导向。信息导向的经济资源配置和生产要素组合,不仅可以实现高效率,还可以尽可能地消除不确定性因素,减少损耗和库存。网络经营管理由于信息资源成为核心和主导资源而显得很有研究的必要,但并不应仅仅认为因为要对信息资源进行经营管理而必须研究网络经营管理。网络经营管理处于传统与前景之间,需要解决的关键性问题是应对以信息资源为主导的拉式生产过程和个性化服务,但绝不限于此。

互联网的趋势是由大量销售转向定制生产和销售,一些大企业通过建立企业内部网络信息系统提供这一服务。通用汽车公司别克牌汽车制造厂提供一种服务系统，让客户在汽车销售商的陈列厅里的计算机终端前设计自己喜欢的汽车结构。客户可从大量可供选择的方案中就车身、车轴上的悬架、发动机、轮胎式样、颜色、车内结构等各种部件和款式做出具体选择。通过一定的辅助软件，客户可以在计算机上看到自己选择的部件组装出来的汽车的样子，并可继续更换选择直到其满意为止。客户每设计出一种结构，车子的价格也会同时计算出来。客户可以利用软件进行模拟驾驶试验。如果对设计结果感到满意，客户可填写订单。电子信用分析系统会帮客户制订付款计划，一旦客户做出选择，就会通过在线订购将订单输入通用汽车的生产计划表。从客户填写订单到工厂按客户设计的结构生产出汽车并交货，前后只需 8 周时间。现在大约有 5% 的新车买主真正地填写自己设计的汽车订单。从费用上看，按顾客要求定制的汽车，其单价并不一定比批量生产的标准汽车贵。对整个汽车行业来说，在顾客提出要求后再制造和在顾客提出要求前制造，前者可节约世界各地价值 500 多亿美元的成品库存量。

在这个例子当中，网络经济的经营管理最为鲜明的表现是对客户信息的管理，并引导这些信息去控制生产。但是，网络经营管理还有相当多的变革性内容，从上面的例子可以考虑网络经营管理的两个重要内容：

（1）通用汽车客户中的 5% 可以通过网络终端设计个性化产品，这要求他们对汽车工业及汽车生产的关键信息非常了解，俗话说就是"在行"，用经济学的术语说就是充分意义上的"理性人"。这种决策理性的发展是以企业充分明确地告知消费者相关信息为前提的。也就是说，为了达到个性化生产服务的程度，企业必须担负起消除产品与消费者之间信息不对称状况的义务，进行主动的"消费者培训"。这一思路是符合"拉式"生产运行要求的，那么有效的"消费者培训"从部门结构到信息开放程度、顾客访问权限都存在管理方面的问题。

（2）存在一个网络系统与传统生产系统之间的同步性问题。从客户填写订单到拿到定制成品有 8 周的时间。也就是说，信息流动效率与传统生产系统工作效率之间的时差是存在的，并且工艺流程越复杂，这个时差就越大。那么，企业必须具备抵抗在这个时差内所发生的各种风险的能力，如违约、供应商问题和生产环节的问题等。如何处理这个时差之内的生产和财务运动，也是网络经营管理的一个问题。

以上从网络环境对各种经营管理要素的作用方式的变革的角度论证了其必要性。既然经营管理要素作用的环境、方式有了根本变化，那么企业经营管理也必然会发生相应转变，这是一个基本的论证。①

---

① 张铭洪. 网络经济学教程 [M]. 北京：科学出版社，2017.

二、网络经营管理必要性其他方面的论证

（一）新市场开拓

在开拓新市场、推广新产品的过程中，对于企业的内部网、外部网系统起到的作用，重要的不是通过有效地使用和传递信息来被动地节约成本，而是主动地进行客户关系管理，纳一切可知晓的不稳定或负面情况于掌握之中，进行实时的客户服务、员工查询信息和管理者指挥。这样的模式很像数字化战场，每一个士兵都是一个作战的终端单位。如果一士兵在战场上遇到特殊情况时不知如何处理，他就可以通过通信工具将各种信息传递给作战指挥人员，甚至戴上特殊的视像头盔将实地影像实时反映给指挥人员，以便指挥人员做出有效反应。

与此相仿，企业员工在接触新顾客、开辟新市场、推广新产品的同时，随时可能会遇到超出其个人能力范围或业务范围的难题。例如，新市场的状况与事先调查的状况不吻合，在新市场开辟过程中发生意外情况，必须向一位知识能力水平不高的客户全面介绍产品特征，或是面临一位"专家式客户"的技术含量很高的提问。这时，员工可以通过自己携带的计算机终端（如笔记本电脑）或其他终端（如通过卫星上网的手机），接入企业的客户关系管理的数据库，查询相关资料，或者与相关领导进行端对端的交流，等待上级的决策。员工也可以通过内部网与其他技术部门联系，获得技术性信息的支持。更为有效的是，功能强大的数据库也许会检索出相似的历史案例，总结出参考方案以供选择，并且能够把这一次的实况也记录下来。

在这个设想当中，客户关系管理首先强调的是对横向、纵向的各种客户关系信息的收集、整理和加工，从而形成功能强大的数据库系统。网络经营管理还要围绕这一数据库系统的设计、使用和完善，以及与其他部门的联结和合作等一系列的问题进行运作。所以，网络环境下进行的市场开发和产品推广有着全新的运作模式和手段，从而必须进行相应的网络经营管理。

（二）网络经济运行的决策特点

从网络经济运行的决策特点看，它既有程序化、范式化和标准化的特点，又具备多样性、弹性和柔性的特点，这两点又是合二为一、并行不悖的。如何统一这两方面，是让网络经营和管理充分体现其优势和特点的重要课题。

以信息资源为核心和主导因素的网络经济，为了充分实现其依据各种内部和外部信息组织各个生产单元和环节的新的运作模式，也为了体现其消费领域信息先导的"拉式"生产特点，必然要求其管理的组织结构和权责关系体系对信息的变化发展有着敏锐的反应能力，还要具备在反应之后进行有效地调整的能力和实时转向能力。实际上，一方面，定制化生产运作方式及企业内部和外部发达的网络设施为这种能力的提高提供了条件；另一方面，在网络中加工和储存的大量信息使得企业的各层次的功能单位在面对不同问题时都有

了更多的选择，决策的余地和弹性都大大增加，强大的数据库使得各个子系统、各个功能节点可以及时应对各种不能预测的特殊情况。网络经济管理在纷繁复杂的信息处理过程中，表现出其富有弹性和灵活性的一面。

海尔在运用网络进行商务活动的时候，开发了极具"柔性化"特色的渠道系统，这一系统的形式多种多样，包括商场、专卖店、分销商和行业经销商等。不同形式的渠道做事的规则不同，有不同的需求特点，需要的支持不同，有的需要政策上的倾斜，有的需要服务上的到位，还有的需要动作上的协助。对于渠道的不同需求，海尔都可以给予及时、有效的个性化的支持方式。

同时，也应该看到，网络经济的经营管理柔性化和灵活度高的特点是有条件和有范围的，这是针对网络经营管理的应变能力、决策方案选择和信息处理规模来说的。这种灵活性是建立在网络经济实质生产环节高度标准化的基础之上的。在"拉式"生产动作模式之下，在信息越多、网络系统对信息的反应速度越快、可选方案越多、各种组合情况越复杂的同时，要求具体的生产操作环节和信息资源的加工实现高度的标准化和程序化。只有这样，信息内容和信息决策的灵活性才不至于引起企业内部各环节、各部门之间的混乱和冲突。这里强调各个实质性生产环节在流程和工艺上的标准化和规范化，实际上还是一种历史发展的思路。发达的网络经济的前提必须是极度成熟的传统的工业化生产。

可见，网络经营管理的一大特点是柔性化与标准化的充分结合，前者以后者为前提，又进一步促进后者的发展。在传统的企业管理理论中，弹性化管理较多地带有主观性和经验性的色彩，是不可靠的。所以说，网络经营管理之所以必要，就是因为网络经济带来了网络本身和经济本身的诸多变革。

（三）企业的长远发展

从发展的角度看，网络经营管理不应当仅仅限于对发达成型的网络经济的计划、组织、协调和控制。伴随着传统经济网络化改造的渐进，网络经营管理还必须涉及一些对中间过渡情况的处理。

例如，传统工业企业对网络化进行的投资如何高效、高质地收回？网络建设直接与高新科技相联系，成本耗费是巨大的。如何降低网络化改造的投资风险，最为关键的是实现网络硬件结构及基于此结构之上加入各种系统和应用软件后形成的功能结构与企业传统生产运作结构的协调对接。

又如，网络经济的发展会加大决策者与高级技术人员之间的认识力和判断力的偏差，这是因为管理与科技之间的专业知识基础差异越来越大。许多战略性的决策和规划可能只有高级技术人员才能清楚。那么，又如何通过网络经营管理来突出企业技术人员的信息权和话语权，如何重新从权、责、利的层面上为他们定位呢？这些转变过程中的问题也要求进行有效的网络经营管理。

(四)现实需求

从现实看,无论是在国际上还是在中国,网络经济的发展都更多地突出了虚拟、概念上的意义,与实质经济进行有效结合的内容太少。

最为典型的理论化观点来自于对前几年网络股票市场快速增长的事实的分析。这种观点认为,从传统的工业货币价值观看,收入是指物质资产的实际收益,而股票价格应是前者的名义形式。从信息价值观看,股票价格虽然是一种名义形式,但它代表的不是"物质资产",而是"物质资产+信息资产"。信息资产包括品牌、预期市场占有率、用户信息和规模、未来市场需求控制等无形资产。在工业文明向信息文明过渡的进程中,财富货币转移的方向,将是在信息资产支配物质资产中形成的名义价格对传统财务收入保持较高比率之外。

这种观点本身没有完全背离事实的论证,但如果以此来论证网络热、网络概念股所引致的大规模的财富转移集中的合理性就存在问题了。上述所谓网络经济新规则成立的前提,是其所强调的信息资源到实际产出成果、物质财富的有效转化。这期间既有技术问题,也有经营管理问题。脱离实际的网络技术和网络经营管理而只谈网络环境下的财富转移,很难使人不把它当成股市上的泡沫。

第二节 网络经济管理的方法与特点

经过网络化改造后的传统生产型或服务型企业在网络经济中占有很大比重。网络经济的发展不是为了取代和消灭它们,而是通过工具和运营环境的变革促使它们更进一步发展。在这个过程中,企业要根据网络经济管理的特点选择恰当的方法,以促进网络经济更好地发展。

一、网络化改造后的传统企业的网络经营管理

(一)企业运营特点

传统生产型或服务型企业的核心业务在内容上是传统的。网络作为工具和环境并不能取代实质性的工农业生产环节、商业流通和资金融通等活动。网络化改造使得企业各生产要素、各种物质资源围绕各种信息进行灵活、实时的配置,计划周期更短、计划层次增加、预期结果更为精确,生产管理的弹性逐步加强。指标系统更加完善和严密,并与网络信息反馈系统紧密结合,更加突出实时发现差错实时进行控制。信息渠道和沟通渠道的通畅大大减少了管理层级中的中间协调控制环节,指挥层次扁平化,规模可以相应扩大。随着信息资源地位的增强,在决策权、行政权和监督权等权力结构之外,还会出现信息权分配和结构安排的新问题。企业与企业之间在传统的企业竞争领域,如市场定位、原料资金、质

量管理、企业文化等，已无法取得明显的比较优势，至少是在决策的科学程度上无法做到。这类企业更加强调以人为本，强调创新、民主、团队式管理，逐步改革严格的科层设置。随着网络范围和功能的逐步拓展，从内部网到外部网再到国际互联网的发展，使得企业经营管理的功能沿着整个产业价值链进行前向和后向的延伸，甚至是与同行企业的横向相联系，管理已不限于本企业内部的生产运作，而是经营的意味更浓了。

（二）网络经济管理方法

以上特点也为设计网络化改造过的传统企业的网络经营管理方案提供了方向。这些企业在进行网络经营管理时可以从以下方面着手：

1. 网络化改造的投资步骤

考虑到本行业和本企业发展的现状，有步骤、有选择地进行网络化改造的投资，首先要体现网络建设的经济效益，充分利用网络最有效的经济运行特点，解决最迫切、最可能利用网络来改善效能的环节和问题；同时，也要注意初期网络建设的标准性和发展性，要为以后的范围拓展、硬件更新、网络对接和软件升级留有余地，以防止网络老化和投资浪费。这是我国传统企业进行循序渐进的网络经营管理时要十分注意的一个问题。

2. 加强具体生产环节和工艺流程的标准化工作

企业要加强具体生产环节和工艺流程的标准化工作，对各道工序都要建立细致、严密的技术质量指标。这些"严格不变"的部分建立起来之后，"千变万化"的信息所导致的各种不断变化和流动的生产要素才能够进行高效组合并最终形成产品的运作基础，才不至于发生混乱。

3. 变革传统的组织结构设置

变革传统的组织结构设置，把最为常见的直线职能制转变为二维和三维的事业部制和矩阵制，突出项目管理和团队管理的局部灵活性，以适应网络架构和信息内容的流动。人力资源管理更加强调对决策者信息决策能力的培养，包括对各种信息的调用、取舍、把握要点和重点、提高发掘力和敏锐度、进行创新式思考等方面；消除不必要的管理中介和代理环节，消减纯粹的为上情下达和协调分工而存在的部门组织；在总经理下扩大直接指挥功能层，在该层之下规范运作功能层，两层之内、之间实现网络再联接。这样的相对扁平的管理结构更适应信息资源流动的需要。

4. 建立中心数据库

逐步建立起一个功能强大的中心数据库，并围绕着这个中心数据库建立相应的组织，配备相应的人员。它的具体管理意义在于：首先，这个数据库是综合各个传统功能部门的信息终端的计算中心，并拥有独立的统筹分析能力，能够在企业全局层面上进行计算和判断，做出科学的全局战略规划。同时，它又能把以上战略决策层层细化，从总到分，精确地降解为各个功能部门的阶段工作任务，也就是由这个计算中心和信息中心专门完成传统管理中的目标管理工作。其次，这个信息中心可以对涉及企业供货、库存、生产协作、财务会计过程、市场开发、产品推销和客户反馈的所有活动进行实时的监控,不断发出调控指令,保证核心生产环节运作的灵活有效和企业整体效益优化。最后,该信息中心本身可以通过人为设置条件的改变而改变其整体战略框架和内容。这样,也就要求对这个信息中心进行管理的人员是能够融管理战略、管理执行运作与信息管理技术为一体的高素质劳动者,他们能够很好地平衡技术、科学与艺术之间的关系。与此同时,原有的企业功能单位当中由于标准化的加强,对这类人才的需求逐渐消失。可以看到,这是一个决策层功能逐步集中、控制范围不断扩大、信息渠道不断拓宽、渠道系统组织性不断强化的过程,也是一个操作层影响力逐渐减小的过程。

5. 信息权力的管理

对信息权力的管理是一个全新的话题。在网络经济模式下,企业操作层面不断标准化,使得这些环节在弹性生产中的影响力越来越不显著。那么,如何激发这一层次的员工参加管理决策的积极性?如何促使员工主动而不是被迫地向数据中心反馈各种生产信息?在中高级管理层,又如何按企业本身的情况安排各级信息权力,包括访问特定内容的权力、修改数据库基本条件设置的权力和程序、本部门知晓有关他部门信息的权力?在网络经济进一步发展之后,这些问题的解决也许要更多地依赖于企业软环境的建设,即企业文化、整体价值观念和内部公关。在企业内部,信息由过去上传下达的单向传播转变为了上下沟通的双向交流。网络促使信息传递更加通达,扩大了员工享有信息并对信息进行再加工和再创造的权力和机会。

6. 打造核心的信息中心

企业的计划管理可以集中在核心的信息中心完成。但是,在这个理想状态达到之前还有很长的过渡期,过渡模式大多采用各传统功能单位分别建立自己的计算中心或数据库,联网之后汇集到总经理层进行统筹规划的形式。这一过程基于企业的弹性生产运作模式,所以,企业的具体生产计划编排首先不依据时段,而是依据项目;并且单个项目计划随着数据中心功能的增强,将变得更加科学和精密。项目计划之间相互交叉,也就进一步要求对现有各种生产要素和有限工作时间进行科学安排。从具体作业计划来看,在网络经济模式下企业的计划层次将越来越多,但层级性和系统性更强,已充分地体现信息要素对企业各个功能层面和环节的支配。另外,详尽的计划体系也可以尽量摒除不确定性因素,消灭物质损耗占用的环节,实现灵活的分工协作。[①]

二、直接利用网络进行价值创造的企业的网络经营管理

(一)网络软件和硬件生产企业

网络设施生产企业,在行业归属上应是信息技术产业的一支。基于这样一种趋势,即信息技术产品发展的前途在于服从网络要求,也不妨将网络设施生产视为信息技术产业主

---

① 程英. 电子商务与网络经济 [M]. 天津:天津科学技术出版社,2017.

要和核心的部分。

1. 特点

这类企业的特点十分鲜明，人们把它们归入"中小型高科技企业"，并给予其极大的热情和关注，认为这类企业是一种全新的社会经济"细胞"，有着与过去完全不同的经营理念和盈利模式。这类企业的规模一般不大，实行较为宽松的团队式管理；以技术创新为根本的推动力，劳动生产的操作环节并不复杂，但脑力劳动的比重极大，价值也极高；常常依靠吸引风险投资以维持公司的存在，直到产品或技术现实地转化成为价值；投入大，风险高，见效慢，但一旦成果价值实现就可以带来极大的超额利润。

2. 管理方法

网络设施生产企业如何实施其经营管理？这类中小型高科技企业可有以下选择：

（1）基于这一行业投资的高风险性，这类企业一定要做好投资方向的战略管理，正确地判断网络技术进步的前景，提前设计和创造符合网络经济发展要求的基础设备的软件。

（2）因为这类企业属于拥有最先进生产力的经济主体，更强调知识、人才、脑力劳动的作用，所以，要注重企业管理机制的大胆革新，一切以技术创新和进步为准绳；要提高高级技术人员的地位，扩大其权力，包括影响决策的权力、知情的权力和用人的权力等；要探索有特色的激励手段以适应高投入、高风险、高回报的企业运作特点，如股权期权制等。

（3）这类企业要打破严格的科层组织结构，突出团队式管理的灵活高效性，淡化职能部门的作用。

（4）这类企业必须十分重视企业的科技创新管理，在有条件和可能的情况下，形成创新循环，不断提出新的构想并进入实际研发过程，争取向规模化方向发展；对于有独创性并极为领先的软件和硬件成果，应当争取市场垄断地位。

（5）这类企业要加强财务管理，尤其要重视投资风险的预期和把握。

（二）网络接入服务提供者

网络经济的内容包括网络接入服务，相应地就有网络接入服务提供者。这些经济实体掌握着最为基本的网络资源，是直接使用其所掌握的网络技术知识为网络应用提供服务的网络经济主体。从网络格局看，中国互联网网络有六大出口，即中国教育科研网、中国科技网、中国公共计算机互联网、中国金桥信息网、中国联通网和中文网。通过这六个网络可以到达国际出口，然后利用国际的网络业务提供商（ISP）干线进入互联网。

国内网络业务提供商用户大致针对三个市场：网络上非营利性机构、网络上潜在消费市场和互联网企业。网络业务提供商改善经营现状较好的途径是针对互联网企业提供电子商务服务；要依据不同企业的不同情况，提供专业化、有特色的服务；另外，要做好网络服务的营销组合策略，可适当地借助一些传统的管理手段和营销战术，充分展示自己的技术特色和服务特点。

(三)直接利用网络环境进行中介和信息服务活动的企业

这类企业包括纯粹的电子商务平台；提供专业性或综合性有偿信息服务的网站；提供无偿的新闻性或娱乐性信息，但通过"注意力经济"模式获得广告收入的网站。网络经济这一概念之所以被人们热炒甚至发生了变形，在很大程度上是因为这些网络经济主体带给人们全新感受，以及其所具有的聚敛财富和膨胀扩张能力。这些企业的特点在于投资模式大致相同（吸收风险投资再以概念推动上市），盈利前景难以预测，只追求获取受众注意的规模大小而不注重实际的账面盈亏，经营管理的战略观念很有创新性和扩张性，但在实际操作上没有明显突破。

这些企业的管理问题基本属于战略性问题，并且受到很多宏观经济环境因素的制约。有人提出，纳斯达克的溃败提示我们的网络公司应该进军实业，要实现资本运营的"硬着陆"。这当然体现了一种网络与传统产业融合的思路，但不应绝对化。依据人们对网络经济内容和实质的认识可以认为这些网站的经营管理模式还是可以被接受的，只要它们的战略选择符合整体的网络经济进程，能够适应中国国民经济循序渐进的步伐，能够服务于基础、服务于全局。

第三节 网络经济管理的理论基础

理论从实践中来，再到实践中去。管理理论与实践的关系也同样可以用这样的话进行概括。回顾管理学发展的历史，几乎每一种理论的诞生都是实践发展到一定阶段的产物。当21世纪人类进入网络经济时代的时候，管理理论也在如火如荼的实践变革中悄然前行，并在网络经济的实践中得以不断的发展和完善。

一、网络经济与现代管理理论

现代管理理论均在网络经济时代各种"变化"下应运而生，不管它们是直接或间接地产生于计算机技术的发展，还是它们的产生与计算机技术的发展毫不相干，但有一点是任何人也不能否认的，那就是网络技术让网络经济的发展使传统的"变化"更为明显。这种变化的结果自然而然地使企业直接或间接地感受到变革的压力；而在变革中，企业对新的管理理论的需求和发展则是一种必然的结果。

(一)现代管理理论

20世纪40年代末，西方管理理论发展到现代阶段，这一时期的管理理论研究充分吸收了现代自然科学和社会科学的研究成果，如系统论、控制论和信息论等，使管理思想和管理观念更为现代化。1946年，第一台电子计算机产生后，电子与通信技术的应用使管理方法和管理手段呈现现代化。同时，管理理论和管理实践向综合和"软化"发展，使管理职能和管理组织更为现代化。现代管理理论包容十多个学派，比较有影响的是20世纪90年代以前的决策理论、权变理论、企业文化理论，以及于20世纪90年代以后产生的企业再造理论、第五项修炼理论和第五代管理理论。

1. 决策理论

决策理论的代表人物是美国著名管理学家赫伯特·亚历山·西蒙（Herbert Alexander Simon）。西蒙认为，决策并不是"拍板定案"的瞬间，而是由多个环节构成的复杂过程。决策的准则是选出"相对满意"而不是"最优"的方案。为了找到"最优"的方案，决策者要具备三个前提条件：①决策者对方案的相关信息要无所不知；②决策者要有无限的估算能力；③决策者对各种可能的后果要能排出完全而一贯的优先顺序。但事实上，由于决策者受认识事物的能力，以及时间、经费和信息来源等方面的限制，不可能具备所有的条件，因而也不可能找到"最优"的方案。在当时的条件下，决策者只能满足于"足够好的"或基本"令人满意"的决策，因此，选优的准则是"相对满意"而不是"最优"。

2. 权变理论

权变理论的代表人物是莫尔斯和洛希。权变理论强调在管理中要根据组织所处的内部和外部条件的变化，采取相应的组织结构和领导方式，不存在什么一成不变或普遍适用的管理理论和方法。权变理论的理论基础是超Y理论。所谓超Y理论，就是认为Y理论并不是在任何情况下都比X理论优越，因为不同的人对管理方式的要求是不同的，工厂可能更适于采用X理论，而研究所可能更适于采用Y理论。因此，管理方式必须根据组织目标、工作性质、职工素质等方面的不同而权宜应变。权变理论的基本思想是管理方式和技术要随企业内部和外部环境而改变，在管理和环境之间存在一种微妙关系，这种关系可以解释为"如果……就要……"的关系，也就是说"如果"发生或存在某种环境情况，"就要"采用某种方式来更好地达到组织目标。总之，权变理论把组织看作开放的系统，认为管理的效果完全取决于组织与其环境之间的适应性，管理的主要任务就是寻求这种最佳的适应性。

3. 企业文化理论

人们通常认为，企业文化是企业在长期发展中形成的一种企业员工共享的价值观念和行为准则，它是企业群体共同价值的反映，要求每个企业员工接受、传播和遵从。它既包括企业精神、企业风俗习惯、企业道德规范等纯粹精神因素的"隐性文化"，也包括企业形象、企业规章、领导方式等行为精神因素的"半显性文化"，还包括企业产品和服务、企业技术和设备、企业外貌和标志等物化精神因素的"显性文化"。[①]

（二）网络经济时代的现代管理理论

20世纪90年代以来，以美国为首的西方国家在管理理论方面掀起了新的浪潮，比较有影响的管理理论有：企业再造理论、第五项修炼理论和第五代管理理论。这些理论的出

---

① 周朝民．网络经济与管理[M]．上海：汉语大词典出版社，2010．

现，促进了现代管理的进一步发展，为企业提升自身的竞争能力提供了新的思路。仔细阅读这些理论的代表作，我们会发现它们的一个共同之处是：理论的形成和发展都与网络经济的发展有着千丝万缕的联系。或者说在某种程度上，它们都直接或间接地涉及网络技术的应用。为什么这样说呢？总体上可以沿着这样两个思路来看待这个问题：一是网络经济的出现使全球经济变化和竞争的脚步陡然加快。在异常激烈的竞争环境中，企业在实践中"思变"，渴望用新的理论武装和指导实践。这就促进了现代管理理论的产生和发展。二是网络经济的发展使现代管理理论在实践中的运用获得了广阔的发展空间。网络技术降低了理论应用的成本，从而让更多的企业更好、更快地尝试新理论为他们带来的全新变化。在此过程中，管理理论不断地加以完善和发展。

关于网络经济与现代管理理论之间联系的第一个讨论的思路，可以从三大理论产生的时代背景来探讨。企业再造理论产生的时代背景是3C变化，即顾客（customer）的变化、竞争（competition）的变化和变化（change）的变化。3C变化在当今时代日益加快，企业为适应这样的变化，必须彻底打破传统的观念和假设，重新思考和设计企业的业务流程。因此，未来最成功的企业将是"学习型组织"，因为企业未来唯一持久的优势，是有能力比竞争对手学习得更快。第五项修炼理论强调，企业管理者只有通过学习才能提高企业系统思考问题的能力，才能从容不迫地应对各种可能出现的变化。第五代管理理论产生的动因可以直接归因于计算机技术的不断发展。该理论认为，计算机技术已经发展到了第五阶段，而企业的管理却仍然处于第二阶段和三阶段。或者说，计算机技术已经进入网络化阶段，而管理却仍然停留在工业化阶段。企业管理者完全有能力，而且环境要求企业管理者必须调整企业的管理方式，变金字塔式的管理为扁平式管理，通过建立虚拟企业、动态团队协作和知识联网来共同创造财富。

至于网络经济与现代管理理论之间联系的第二个讨论思路，则可以从诸多企业的丰富实践中得到十分有力的证明。

（1）网络经济促进了企业再造理论的应用。企业再造理论要求企业重新思考业务流程，即按照流程的本质规律设计出能够迅速满足顾客需求变化的全新的、高效率的业务流程。从企业进行流程再造的实践来看，绝大多数企业流程再造的成功都得益于计算机技术的帮助。而在计算机技术的应用中，网络技术则起到至关重要的作用。无数从事电子商务的企业充分利用计算机网络的各种功能，彻底打破了原有的缓慢的业务流程，或多或少地对原有的企业流程实现了再造，较大幅度地提高了企业的工作效率。

（2）网络经济促进了第五项修炼理论的应用。运用第五项修炼理论建立学习型组织、进行五项修炼的企业，通过计算机网络进行内部沟通加快了学习的速度，提高了学习的效果。近几年流行的电子学习使第五项修炼理论的应用如鱼得水。诚然，电子学习的产生并不是建立学习型组织直接需求的结果，但是电子学习无疑是每个组织在学习、修炼过程中的一个强有力的辅助工具。它使学习更加有趣，使成员之间的联系更加紧密、更加快捷。人们可以根据第五项修炼理论的基本思想，应用计算机网络，设计出更加丰富、更加高效的修炼课程。

（3）网络经济促进了第五代管理理论的应用。第五代管理理论的核心思想是将公司内部与公司外部相关各方（供应商、顾客、顾客的顾客）的知识、能力、想象和渴望"集成"起来，共同创造新的财富。如果没有计算机网络和网络经济的发展，将理论变为现实的成本将是巨大的，甚至是不可能的。正是网络技术和网络经济的发展使得理论的应用变得现实而容易，虚拟企业、动态团队和知识联网才有了自由运行的载体。总之，网络经济并不是单纯的"网络+经济"，也不是仅在商业实务中才能体现出价值和功能，它在管理理论的应用和发展方面同样具有不可替代的作用。

二、网络经济与企业再造理论

网络经济时代的来临造就了一个全新的经济形态，改变了经济社会的运行模式。经济发展出现新的趋势，企业形成其独特的运作方式和特征。经济环境的变化使传统企业的经营活动出现危机，迫切需要管理创新和企业再造。

（一）网络经济时代经济发展趋势分析

网络经济是以网络技术和信息资源为基础的一种经济形态。网络技术的出现改变了信息的传递和交流，从而改变了经济运行中的资源配置、市场模式、企业组织和产业结构等因素，对当今世界经济的各个方面产生了深刻的影响，使经济形态呈现出一些新的发展趋势。

1. 网络经济是全球化经济

全球化经济的核心是要素在全球范围的自由流动，包括商品、资本、服务、技术和人才等。网络技术的发展突破了信息传递的时空限制，全球范围的信息交流有助于全球性的商品市场、服务市场、资本市场、技术市场和人才市场的形成，促进了要素在全球范围内的流动，从而使得世界各国的经济日益相互融合，各国经济的相互依赖性加强，与外部世界经济的变动日益相互影响和制约，一个以全球化为基础的无国界经济正在全球范围内形成。

2. 网络经济是直接经济

在传统工业经济中，生产与消费之间的中间环节众多，造成物资迂回流动，交易成本居高不下。现代网络技术以光速传输信息，生产者与消费者可以直接联系，企业可以把产品信息直接传达给消费者，消费者也可以把产品需求直接反馈给厂商。"产销见面"使厂商与最终消费者之间的距离缩短，中间层次减少，使工业时代的迂回经济变成网络经济时代的直接经济。

3. 网络经济是创新型经济

网络经济时代是创新的"蜂聚"时期，创新"蜂聚"的主要原因是：①网络经济是以光速运转的直接经济，经济节奏大大加快，生产者与消费者的信息交流更加频繁，消费者对产品的需求变化加快，产品更新也加快，产品生命周期缩短，生产者为满足消费者的需求变化，必须不断地创新。②网络经济时代的竞争空前加剧，竞争不仅是国内企业的竞争，也是国际企业之间的竞争，企业要在竞争中保持核心竞争力就必须不断地创新。

4. 网络经济是信息型经济

网络经济是以网络技术和信息资源为基础的经济形态，离开了信息资源，网络技术的作用就缺乏载体，网络经济就无法成为社会的主流经济。因此，网络经济也是信息型经济。

5. 网络经济是服务型经济

在网络经济时代，人们的消费需求超越了以前的物质性需求，对精神性消费的需求增加，服务在市场交易中的份额增大。人们需要更多的思想、知识，需要与人交流和沟通。人们的消费需求层次的提高创造出新的服务消费市场。信息产业的迅速发展，使国民经济由传统的以物资生产为重心的产业结构逐步向以无形的信息生产和服务为重心的产业结构转变，产业结构加快向第三产业倾斜，国民经济出现服务化特征。因此，网络经济也是服务型经济。

（二）传统企业在网络经济中的危机

1. 网络经济时代生产作业方式的变化

信息处理技术和网络技术的发展给企业的生产带来技术性的变革和作业组织方面的变革。

（1）信息技术带来"作业流程计算机化"。作业流程计算机化提高了产品的质量和可靠性，提高了效率，降低了成本，加快了生产的节奏；同时，"灵活制造系统"使得厂商能对市场做出最"及时"的反应。

（2）作业流程计算机化创造出被称为"恰值其时"的零仓储管理制度。零仓储管理是指借助信息的及时反馈，简化工序，减少库序，使得在从原材料进厂到产品进入市场的全过程中每一个环节都紧密衔接，完全消除了"停工待料"或"有料待工"的现象。实行新制度后，传统的生产流程将出现如下几个变革：①简化工序和减少分工。②所有参加生产过程的人员均参与设计、生产和管理。③流水线所加工的产品灵活、可变，信息的及时反馈满足了消费者对品种、式样的个性化要求。④原材料、零部件和产品的库存被压到最低限度。

（3）未来制造业追求的是一种更加适应市场变化的快速、灵活的"弹性生产方式"。支撑这种生产方式的技术革新是：①增量革新，即企业根据市场的变化和需求的变化，每天都对生产做一些小规模的调整。②开发新产品"同步工程"，即研究、开发、采购、制造、材料、销售和服务等各环节同步进行。③使潜在的需求转化为产品的"社会技术创新"，即企业采用市场信息网络技术使消费者的潜在需求变得明朗，并在此基础上开发和生产新产品。

2. 网络经济时代企业组织结构的变化

组织是信息传递的渠道。信息经济学的一个基本观点是任何组织结构都是传递信息的渠道，不同的组织设计是为了在不同的约束条件下最有效地传递信息。网络经济时代信息的传递方式和成本的重大变化导致组织结构的演变。

（1）扁平化特征。现代企业的内部结构基本上是一个以等级为基础、以命令控制为特征的"金字塔结构"。目前，这种等级组织制度正在逐步地转向更加适应网络经济时代的"网络型"的扁平化企业组织制度。

（2）小型化特征。组织规模与所需要传递的信息量成正相关，更多的组织层次和组织部门常常用于处理和传递更多的信息。在信息不对称程度减轻的情况下，需要传递的信息量相应地减少，因而组织规模也有小型化的趋势。

（3）网络化特征指企业把非核心业务尽可能分包给专业公司，尽可能利用企业网络共同制造和销售产品。过去企业不敢过多外包的重要原因是存在信息交流障碍。现在由于信息技术及网络的发展和运输条件的变化，外包的范围更大了。网络化使企业省去了传统的中间分销商或通过与信息网络技术相适应的新型分销商，直接向最终消费者供货。

网络经济时代的到来意味着企业的生存环境正在逐步发生变化，一旦这种变化积累到一定程度，就将产生质的飞跃，传统企业的经营管理模式遇到了前所未有的挑战，企业的生存和发展出现危机。[①]

（三）传统企业在网络经济中的生存法则

在网络经济时代，网络技术革命带来了时空观念的根本性变化，给企业经营带来全方位的影响，企业需要针对基础条件和基本环境的重大变化采取多种对策，建立企业的创新体系，通过创新使企业在剧烈变动中处于有利地位，并取得新的发展。

1. 注重创新

（1）观念与思维的创新。企业必须要具有新的思想。多样性是生活发展的需要，新战略的制定也需要多样性。新思想的产生不仅取决于思想的多样性，也取决于思想之间的交流。企业要为思想的交流建立沟通网络。同时，企业还要具有观察问题的新视角。以新的角度和方式看世界能够改变一个人的思维方式，突破传统的思维，产生新的思路和创意。

（2）运行模式的创新。企业要重视供销网络的管理创新。许多企业开始向销售商和批发商出售交互式的计算机化商品目录。销售员可以利用这个计算机软件帮助客户添加、修改和取消某些特征，直到设计出客户满意的产品。除此之外，企业还要重视知识管理创新。知识管理方法的核心是寻求和传播企业内部的最佳经验，企业员工之间利用网络技术可以共享企业内部的资源、交流经验和探讨问题解决方案。

（3）技术创新。技术创新是企业形成竞争力的基础。企业只有通过技术创新，形成与众不同的技术和知识积累，才能保持长久的竞争优势。企业的某一产品或者某一方面具有一定的优势，并不代表企业具有较强的核心竞争能力；只有这种产品和技术在一个较长时期内难以被超越而使竞争优势得以保持，才是企业真正的核心竞争能力的体现。企业的竞

---

① 胡鹏. 互联网思维与传统企业再造研究 [J]. 企业导报，2016(14)：67-68.

争优势不在于产品，而在于支撑产品的核心技术能力。

2. 企业再造工程

（1）企业再造，是指企业为了在衡量绩效的关键指标上取得显著改善，从根本上重新思考、彻底改造业务流程的过程。其中，衡量绩效的关键指标包括产品和服务质量、顾客满意度、成本、员工工作效率等。企业再造的含义可以从四方面去理解：①企业再造需要从根本上重新思考已经形成的基本理念，即对长期以来企业在经营中所遵循的基本理念进行重新思考，如分工思想、等级制度、规模化经营、标准化生产和集中体制等。②企业再造是一次彻底的变革，而不是对企业进行肤浅的调整和修补，是要进行脱胎换骨式的彻底改造，抛弃现有的业务流程、组织结构和规章条例，创建全新的内容和模式。③企业通过再造能够取得显著的进步。企业再造是彻底的变革，其效果相当显著，能够使企业取得实质性进步。④企业再造从重新设计业务流程着手，解决了企业效率低下的问题。在一个企业中，业务流程决定了企业的运行效率，是企业的生命线。改造业务流程是企业再造的核心。

（2）业务流程再造是企业再造的核心问题。所谓业务流程再造，就是企业以输入原料和顾客需求为起点到以企业创造出对顾客有价值的产品或服务为终点的一系列活动。在进行业务流程再造之前，企业要对原业务流程进行诊断，找出对顾客利益影响最大、问题比较多且具有改造可行性的流程。

三、网络经济与第五项修炼理论

企业和人类的其他活动一样，也是一种系统，也都受到细微的行动所牵连，彼此影响着，因此必须进行系统思考修炼。系统思考的修炼是建立学习型组织最重要的修炼。彼得·圣吉（Peter Senge）认为系统思考也需要有"建立共同愿景""改善心智模式""团队学习""自我超越"四项修炼来发挥其潜力。他十分重视第五项修炼，并认为第五项修炼高于其他四项修炼。少了系统思考，人们就无法探究各项修炼之间如何互动。系统思考强化了其他每一项修炼，并不断地提醒人们，融合整体能得到大于各部分加总的效力。

（一）第五项修炼理论简介

自从彼得·圣吉于 20 世纪 90 年代初出版《第五项修炼　学习型组织的艺术实践》一书以来，第五项修炼理论以令人吃惊的速度迅速向全球传播。有关专家学者对此书的评价充满了溢美之词，甚至还有人将它提升到了可以与《国富论》媲美的高度。那么，第五项修炼理论的主要内容究竟是什么呢？

彼得·圣吉在书中开篇就提出了这样的问题："为什么在许多团体中，每个成员的智商都在 120 以上，而整体智商却只有 60？为什么 1970 年名列《财星》杂志'500 大企业'排行榜的公司，到了 20 世纪 80 年代却有 1/3 已销声匿迹？这是因为组织的智障妨碍了组织的学习及成长，使组织被一种看不见的巨大力量侵蚀，甚至吞没了。因此，未来最成功的企业将会是'学习型组织'，因为未来唯一持久的优势，是有能力比你的竞争对手学习得更快。"①

那么，什么是组织的智障呢？它是如何产生的呢？我们又将如何克服这种智障呢？彼得·圣吉认为，所谓"智障"，主要是指组织缺乏系统思考的能力，不能够洞察组织成长过程中的关键问题，从而造成决策障碍，使组织陷入危机之中。克服这种智障的唯一途径是学习。当然，这里的学习与传统的学习略有不同，它包含了更加丰富的内容和沟通的技巧。

为了更清楚地说明智障问题，我们列举正反两个例子。美国神奇科技公司以生产新型计算机创业起家，刚开始时市场销售额以流星般的速度增长。但是，3 年之后，该公司却因业务衰退而破产。是什么原因导致如此快速成长的公司突然破产了呢？答案是日益延迟的交货期。原来，公司在产品需求异常旺盛的情况下，看到的只是销售市场扩展的潜力和销售人员的不足，于是不断地招聘销售人员，促使销售份额不断升级。但是，由于公司生产规模有限，导致交货期逐渐延迟，客户的心里积满了怨气。但公司最高管理层仍骄傲地告诉投资者："我们的计算机的功能无人能比，为了买我们的计算机，客户甚至愿意等 14 周。我们知道延迟交货是一个问题，也正在努力找出对策，但是，虽然如此，客户在拿到产品时，仍然是高兴的。"当不得不扩大产能时，公司经过反复研究，决定建造新的工厂。但是，销售额却正在迅速地下降，员工们纷纷将目光投向行销经理。行销经理召开了强力销售会议，不遗余力地进行促销，结果销售额确实有所回升，但是，交货期开始进一步延迟到 16 周。最后，客户们终于在忍无可忍的情况下，像躲避流行传染病一样纷纷远离了该公司。从这个案例中我们可以看到，企业管理者在分析和解决问题时必须具备系统思维的能力，否则就会造成一叶障目、不见泰山的局面。神奇科技公司的管理者仅看到了营销环节的重要性，当销售额下降时，他们并没有仔细分析原因所在，没有想到正是延迟的交货期使公司不断丧失潜在的顾客；他们本应该在产品需求旺盛时或者在交货期逐渐变长时采用租赁厂房而不是建造厂房的办法来迅速增加产能。当销售额下降时，他们也不应盲目采取强硬的促销策略，因为借此机会公司可以将过长的交货期稍有缩短；当产能足够大，能够保证较短的交货期时，再加强促销手段，这样公司的经营就可以步入良性循环。令人遗憾的是，直到公司破产，公司的管理层也未意识到失败的根源。

在石油输出国组织成立的前一年，也就是在能源危机开始的前一年，壳牌石油公司的瓦克在系统分析了石油生产和消费的长期趋势之后，看清了公司正在进入一个供给不足、成长降低和价格不稳定的石油新纪元。其主要苗头是欧洲、日本和美国正日益依靠石油进口，伊朗、伊拉克、利比亚和委内瑞拉等石油输出国家的石油储备量正逐日下降。沙特阿拉伯几乎达到了石油生产的极限。这样的局面势必导致出现一个供不应求、由石油输出国控制的卖方市场。但是，瓦克感到无力说服绝大多数管理者放弃他们长期持有的"石油业将像往常那样继续下去"的想法。经过认真的探索，瓦克决定通过一场"学习革命"来解决这个问题，即通过设计未来可能发生的各种情境，迫使管理者们彻底思考应对的策略。

---

① 彼得·圣吉. 第五项修炼 学习型组织的艺术与实践 [M]. 张成林，译北京：中信出版社，2009.

例如，如果价格上升、需求成长减缓，那么炼油厂的扩建就必须慢下来；并且，长期的石油勘探必须扩展到新的国家。此外，如果石油价格不稳，则各国将有不同的反应，因而，壳牌石油公司必须进一步增强其在各国的子公司对当地情况的应变能力。结果，当石油输出国组织突然在1973—1974年宣布石油禁运政策时，壳牌石油公司并未像其他公司那样惊慌失措，不仅平稳渡过了石油动荡期，还一举由"丑小鸭"变成了"白天鹅"。可以说，这是公司的整个管理层通过学习提升了系统思考能力的结果。

由上述案例可以看到，克服智障、提升系统思考问题的能力事关组织的生死存亡。组织要保持勃勃生机，就必须积极、主动地学习，通过五项修炼达到系统思考、顺应环境变化的目地，否则就会成为"温水中的青蛙"。我们如果用不断升温的来形容成不断变化的环境，将青蛙比做组织，就会清晰理解如果组织要摆脱青蛙的命运，就必须对环境的变化做出敏感且正确的反应。企业的管理者要具备这样的能力，就必须提升组织系统思考的能力。而个体思想提升组织系统思考的能力，最好的途径就是建立学习型组织，不断地学习、主动地学习、创造性地学习。学习的过程即是修炼的过程，学习的具体方法是五项修炼。对于个体而言，修炼是指通过学习来提高个人的自身素质；对于组织而言，修炼则是通过学习和训练，提高组织内部结构和机能对社会和市场变化的适应能力。

（二）网络经济与第五项修炼理论

彼得·圣吉在《第五项修炼 学习型组织的艺术实践》一书中并没有直接阐明网络经济时代与五项修炼、建立学习型组织的关系。但是，我们可以从彼得·圣吉和其他专家学者的诸多论述中首先感受到，网络经济时代的来临使企业急需加强整个组织学习的能力。也就是说，网络经济的发展为企业应用第五项修炼理论带来了一种无形的"压力"。例如，《第五项修炼 学习型组织的艺术实践》中写道："当科技打破疆域，大气环境使全球一体共存，种类变化加速加剧，任何单一个人的影响力和威力都相对渺小，即使居于高位的领导人也包括在内。集思广益、相濡以沫的团队力量非常重要……你能跟上时代的步伐吗？每位员工都比以前更加卖力地工作，以期能跟上日益加快的工作节奏。但是，盲目地加快节奏、提高工作的速度是远远不够的。我们必须还要有一定的方法。"计算机辅助设计之父詹姆斯·迈天说："在网络经济中，信息在全世界以光速传播，企业几乎没有什么经营秘密可言，商业上的成功是短暂的，唯一的优势就是你要有比你的竞争对手学习得更快的能力，并且把学习的东西付诸实践。"

众所周知，一个企业自己开发、创造所有的知识是不可能的，所以必须学会学习。历史上几乎没有哪一个时期能像今天这样使企业感到学习压力的重大。因为网络经济的发展正在日新月异地改变着人类社会的生存环境和生存方式。如果企业不及时地通过学习增强组织系统思考的能力，就会不断陷入因环境变化而产生的一个又一个组织"智障"之中，并最终导致企业的消亡。所以说，网络经济的发展对企业应用第五项修炼理论具有重要的促进作用。同时，从第五项修炼理论要求企业"修炼"的五个项目来看，网络经济的发展会给企业提供有力的"修炼"工具，从而促进第五项修炼理论的普及和发展。例如，网络经济要求企业充分利用互联网进行信息的交流和共享。对于一家已经建好"商用网络"的企业来说，可以在不增加任何新的成本的情况下将其共享为"学习网络"。企业可以将五项修炼的具体内容和方法，以及需要注意的问题在网上公布，作为全体成员进行修炼的基本指南。企业的员工可以通过上网获取知识来增强对生命意义的理解，完成自我超越；可以通过电子邮件来加强彼此的沟通和交流，逐渐改善心智模式，建立起共同的愿景；还可以通过"电子学习"提高团体学习的效率。[①]

四、网络经济与第五代管理理论

知识经济时代的到来以及计算机互联网技术的广泛应用使得传统的管理模式显得陈旧和落伍，对于如何管理好知识和掌握知识的人，传统管理思想显得无能为力，在这种情况下，第五代管理思想应运而生。

（一）第五代管理理论简介

查尔斯·萨维奇（Charles M Savage）在《第五代管理》一书中提出了适应知识时代的到来，必须突破工业时代严格的等级制和例行程序，实现"知识网络化"管理的思想。

1. 第五代管理的含义

按照查尔斯·M.萨维奇的原意，他所指的第五代管理是指与计算机技术发展的五个阶段相对应的管理方式。但也有专家学者对第五代管理的含义做出如下表述：按照时间序列，西方管理理论的发展大体经过了四个阶段——萌芽阶段、古典管理理论阶段、行为科学理论阶段和现代管理理论阶段，目前正在向新的阶段迈进。这个新的阶段按序排列就应该是第五个阶段。如果将20世纪90年代发展起来的新理论概括为第五代管理理论的话，则应该包括企业再造、第五项修炼和第五代管理这三方面的理论，其共同的特征除了在时间上同属于20世纪90年代以来发展起来的管理理论外，更重要的是与前四个阶段相比，这三种理论都具有"计算机技术软化和虚化管理"的特点。

查尔斯·萨维奇指出，计算机与管理的五个发展阶段是错位的。当工业时代开始时，所有权作为组织劳动力、资源和技术的便利方式而显露其优点，经过大约100年的时间，发展成了今天严格的等级体系。严格的金字塔式的等级体系建立于亚当·斯密（Adam Smith）的分工理论基础之上，并在古典管理理论、泰勒的科学管理理论和亨利·法约尔的十四条原则中得到强化。为了克服等级体系带来的弊端，第三代管理方式——矩阵组织应运而生。矩阵组织中的某一个下属有两个或更多的上级，使组织同时包含多种维度——职能部门、产品、地理区域、市场或这些因素的任意组合，但是矩阵组织从未达到其声称能达到的效果。因此，这种管理方式并没有发展到能够替代独一无二的金字塔式的工业等级体系和程度。随着计算机技术的发展，人们开始尝试针对组织实行"现代化"管理，遗

---

① 姚锡炜.试论基于网络经济学视角下的互联网金融[J].现代营销（下旬刊），2019(5):39-40.

憾的是这种现代化过程在大多数情况下仅仅是利用计算机软件等在不同的职能部门之间简单地加上一些联系和接触,而正式的组织结构丝毫没有改变。这个过程可以描述为第四代管理方式——计算机接口。当现在计算机技术已经发展到了第五代的时候,我们的管理方式却仍然停留在第二代。正如查尔斯·萨维奇所言:"第五代计算机和网络化使得新的共同工作方式成为可能,但组织结构上的缺陷经常阻碍了对此类技术的有效运用。我们仍然纠缠在适合工业革命需要的组织形式中。"现在我们需要做些什么呢?我们需要找出方法来突破斯密、泰勒、法约尔瓶颈,我们必须通过虚拟企业、动态协作、能力网络化等来发展第五代管理能力,以便我们能够比现在更加有效地利用我们的知识。

2. 第五代管理的概念性原则

查尔斯·萨维奇认为,我们现在正处在一个与工业时代完全不同的时代,即早期的知识时代。变幻莫测的商业环境需要我们最新整合分散的知识能力,进行知识能力的联网。而第五代计算机技术完全可以使这种新的需求变成现实。企业为什么需要知识联网呢?因为企业要创造价值。众所周知,传统的企业(厂商)只将供应商和顾客纳入视野。因为企业只看到了现实的利润。企业虽然也会重视顾客的需要,却仅仅是短视的"交易驱动"使然。但是,在竞争日益激烈争的知识时代,企业不仅要看到现实的利润,还要看到未来的利润。未来的利润在哪里?在"顾客的顾客的期望"里。因为"顾客的顾客的期望"决定着他们对顾客产品的需求,也决定着他们对公司产品的需求。谁了解"顾客的顾客的期望",谁就会发现未来的新产品应该是什么样的,谁就能抓住未来的利润。所以,企业必须时刻关注"顾客的顾客的期望",才能够发现机会,创造新的产品,从而创造新的价值。因此,企业的视野应该延伸到顾客的顾客,并同时关注三方面因素:供应商、顾客、顾客的顾客。而且,公司与这三方面的关系应该是"交集"的关系。

想要在各方面利益的协调中创造新的产品和价值并且取得显著的成效,不仅企业内部的全体成员要进行知识与能力的联网,而且公司和外部的三方面人员也要进行知识与能力的联网,即"通过建立虚拟企业、动态协作和知识联网来共同创造财富"。所谓建立虚拟企业,是指联合多个企业的才干和能力,共同创造某项产品和服务的过程。动态团队协作是指通过在企业内部或企业之间进行资源组合或重组,来把握和传递具体的市场机遇。知识联网,是指通过不断变化的、互利的方式联合各个企业的知识、经验、才干、技巧、能力和抱负的过程。

总之,第五代管理对新的商业环境的理解是:企业与顾客、顾客的顾客共同合作创造新产品和服务,而不仅仅是销售给他们产品。由此,产生了第五代管理方式与前四种管理方式完全不同的一些概念性原则:对等联网、对话式工作、虚拟食业、动态协作等。①

(二)网络经济与第五代管理理论

罗马俱乐部曾经指出:"人类技术已成为地球变化的主要因素。"人类在地球上经历的

---

① 安海岗,高湘昀.复杂网络在经济管理领域的应用研究[M].北京:地质出版社,2014.

变化大多来自技术的革命。被称为"第三次工业革命"的互联网革命直接催生了第五代管理理论，这种理论上的变化可以说是计算机发展到互联网阶段的必然产物。那么，应该如何看待网络经济与第五代管理之间的关系呢？从总体上说，二者之间的区别是显而易见的，网络经济体现的是互联网技术在经济领域引起的振荡性影响；第五代管理理论说明的是计算机发展到互联网阶段使企业运用新的管理方式创造更多的财富成为可能。一个讲的是宏观经济的运行特征；另一个讲的是微观领域的管理方式。但是，二者的共性远多于它们的区别，它们有共同的产生条件——计算机技术的变革；它们有共同的发展动力——企业利益的驱动。二者之间的共性决定了二者之间的关系是相辅相成的。网络经济的发展加快了第五代管理理论的应用，因为网络经济所"塑造"的宏观环境使企业急需找到新的管理理论武装自己，使自己在激烈的环境振荡中立稳脚跟；反过来，第五代管理理论的应用将使企业充分利用网络技术创造出更多的社会财富，从而加速网络经济向前发展。

第五章 网络经济管理实践

第一节 网络经济管理制度

在现代化和信息化的带动下，我国的经济结构发生了较大的转变，以电子商务为代表的网络经济迅速地蔓延开来，不仅极大地满足了人们的各种需求，同时也使得各大企业增加了不少的压力。但是，随之而来的是一系列管理制度的不足。在网络经济管理制度的制定与实施中也存在较多的制约因素，这对于网络经济的有序发展是十分不利的。因此，本节就网络经济管理中制度建构的研究进行了简要的论述。

一、网络经济的特点

（一）网络经济的特殊性

网络经济相较于其他的经济模式而言具有一定的特殊性，它通过网络技术的使用可以很好地满足人们在不同环境下的购物需求，并通过相应的软件来进行担保。这样不仅可以提高交易的安全性，同时可以很好地满足人们的各种需求，对于提高人们的生活质量的作用是比较大的。另外，网络经济的发展可以很好地带动其他行业有序发展，这对于拉近各地区之间的贸易关系也是十分有利的。

（二）网络经济的经营理念与特点

通过强大的市场分析，网络经纪公司会通过降低部分价格来吸引部分消费群体，从而实现在较短的时间内迅速扩大规模，通过强大的媒体宣传来增加其自身的知名度和曝光率；同时，根据各时间段的市场动态进行自我发展策略的调整，及时地进行产品的分类和定时的促销，以满足用户的需求。网络经济的发展立足于长远，网络经济在多元化的发展趋势下可以很好地提供多种服务。网络技术的普及和智能设备的频繁更新，使用户可以随时随地享受网络经济的服务，并且不限地域满足用户的各种需求，这种快捷、便利、多元化的发展模式是传统经济模式无法比拟的。与此同时，网络经济可以很好地带动各行各业的发展，通过资源的共享及时实现各地区产品的在线销售，可以节省较大的成本。网络经济具有较强的可塑性，但是对网络经济的管理制度仍然需要不断地加以改进，这样才能更好地促进网络经济的全面发展。

二、网络经济管理制度的不足

（一）网络经济的审核程序不清晰

相较于实体经营而言，对于网络经济的要求是比较宽松的，一般不需要办理任何证件就可以进行运营。受用户人数较多的影响，部分检察机关无法逐一核实网络经济中商户的经营资质。在这种制度不健全的影响下，无法确保网络经济规范化的营运，同样在用户权益的保障上也存在较多的安全隐患。

（二）消费者权益得不到相应的保障

在网络经济模式下，消费者无法直接感受商品的质量，只能根据商家展示的图片来进行购买，这种消费模式其实存在较大的风险性。部分商家为了吸引消费者，通过美化这些产品的图片来迷惑消费者。即使网络经济支持退货，但是，有时仍然需要消费者承担部分的运费。这些带有欺骗性质的商家的大量出现，会极大地降低部分消费者对于网络经济的信心。与此同时，参与网络经济的第三方物流公司的服务质量也会极大地影响消费者的消费感受，再加上近年来消费者的信息频繁泄露，这也给网络经济的发展造成了较大的困扰。

（三）市场监管方式滞后

虚拟网络平台上的市场监管是比较难实现的。目前网络经济的监管只能通过传统的方式来进行，因而在工作效率和实效性上存在较大的不足。部分非法网络经济案件的处理和惩处缺乏统一的标准，无法保障网络经济的规范化和标准化。这些制度的不足需要在实践中逐一进行弥补。

三、网络经济管理中制度建构的措施

（一）健全网络监管的法律体系

我国已经形成了社会主义法律体系，针对市场经营行为，对于目前的法律法规不符合电子商务特点的部分，可以通过修订的方式进行扩大，使其适用于电子商务，满足我国电子商务发展的需要。鉴于我国电子商务的现状，有必要制定统一的电子商务基本法，同时，修订现有的商事领域的法律法规，使得相关法律法规扩大适用于电子商务行为。二者的结合运用可以大大减少立法工作，加快推进立法完善。在缺少特别立法的情况下，也可以通过现行商事管理法律法规的解释实现有效的法律规制，避免出现无法可依的局面。

（二）创新"以网管网"的执法机制

配备高科技技术设备，提供技术保障，这是工商部门开展网络商品交易执法时必须要解决的问题。工商部门借助高科技网络技术和设备实施监管是非常必要的。但是，高科技设备一般投入大、日常维护要求高，由各个执法单位自行添置就会过于浪费。因此，有必要由省级工商部门统一置备高科技监管设备，从而实现主体确认、实时监控、案件发现、违法地确认、证据采集和数据分析等功能，保证在第一时间发现网络商品交易违法行为，并完成网页资料、音频、视频和动画等电子数据的证据采集，为网络商品交易执法提供技术设备支持和保障。还要实现全国联网一体化监管，在国家局层面建立网络监管信息系统和平台。必须由总局牵头，建立起全国一体、统分结合、功能齐全、上下联动、左右互动的网络监管平台。该平台将以网络经营主体数据库为基础，增加网络商品交易监管信息的录入、分派、上报和统计功能，同时兼有"网络商品交易搜索监测系统"，及时锁定违法行为。

（三）营造网络经济主体参与的制度环境

考虑网络经济现状，在鼓励个体创业的同时，要在现阶段较好地解决了市场准入问题。应该关注其具体交易行为性质来进行主体认定，以其是否以营利为目的来认定其是否属于交易主体，以其是否以交易为常业作为考量标准。经营者身份的核实对于网络交易而言是非常重要的，这需要网站的管理者明确自身的责任，在注册的时候进行全面的把控。部分网站通过实名制认证极大地提高了网络管理的效率，通过联网核实为用户提供更加人性化的服务，值得大力推广。在经营场所的问题上，政府应该以经营范围为依据，评估经营场所对消防安全、居民生活的影响，适当允许网店经营者将自住房、租赁房或其他非商业性用房注册为经营场所。评估报告可以由经营场所所在居委会、村委会或物业公司做出。

加强网络经济管理制度的健全是社会发展的必然要求，同时也是实现网络经济有序发展的重要前提。在网络经济飞速发展的现状下，相关部门必须立足于当前，有针对性地构建相应制度，只有这样才能制定出适合我国国情的网络经济管理制度。网络经济管理制度的不断健全和发展是确保网络经济行业有序发展的重要保障，其经营的规范性和秩序性需要广大的用户和管理人员的配合才能实现，这也是实现智能生活的重要途径之一。

第二节　网络经济与项目管理

网络经济包括由于高新技术的推广和运用所引起的传统产业及传统经济部门深刻的革命性变化和飞跃性发展，实际上是一种在传统经济基础上产生的、经过以计算机为核心的现代信息技术提升的高级经济发展形态。包括项目策划与决策阶段、准备阶段、实施阶段、竣工验收、总结评价阶段在内的全过程的管理工作与网络经济进行融合，质量控制、进度控制、投资（成本）控制、合同管理、信息管理、安全管理、事务协调等三控三管一协调工作全面实行，基于大数据的分析决策，可以大大提高项目管理效率，因此应用网络经济对项目全过程进行协同管理是项目管理的发展趋势和重要内容。

一、网络经济与项目管理的现状分析

（一）应用网络经济管理项目的能力需要提升

项目实施需要各方面的知识系统集成，各阶段协同管理，要求专业人员具有扎实的技术经济知识和能力，并且具有系统的网络技术知识技能。专业人员需要具有较强的实践能力，还要具有适应网络经济环境的复合性和实用性的技能，在技术手段的辅助下运用经济学理论分析并解决项目实施和管理中存在的问题。为了项目管理工作更加简洁是、更加高效，需要综合型和复合型管理人才应用高效和科学的网络经济全过程管理模式来推动项目管理工作的开展。

（二）项目协同管理机制不健全

很多项目需要多个单位共同建设，特别是对于周期长、影响因素复杂、造价高的项目，由于项目管理工作范围大，需要更加严格、规范、健全和高效的管理机制，必须将不同知识领域的活动因素相互关联和集成，协同运行。现行项目管理机制不够健全、项目管理人员专业性不强、从项目管理的全过程进行分析的技术应用较少，也使得项目各阶段的管理工作不能有效协同。

（三）项目管理服务业国际竞争力不够强

服务业是世界第一产业，是发展的基础，与发达国家服务业占国内生产总值（GDP）比重达到70%相比，我国刚超过50%。未来在我国经济结构转型升级的过程中，服务业前景看好。2012—2018年，我国服务业增加值年均增长7.9%，高出国内生产总值年均增速0.9%，高出第二产业1.3%。这与我国以"一带一路"为重点大力开拓海外市场相关，以知识密集为特点的新兴服务将走出去。2018年，服务出口17 658亿元，服务进口34 744亿元，服务进出口逆差17 086亿元，比2017年略有扩大，但仍与我国是制造大国、基建强国不相匹配，服务业提升空间巨大，随着我国服务业对外开放的程度越来越高，国内发达的网络经济将支撑服务业不断做强。

二、对改善网络经济与工程项目管理现状的建议分析

（一）强化网络技术的应用，改进管理方法、手段和技术

加强项目全过程管理，大力开发和利用建筑信息模型（BIM）、大数据、物联网等现代信息技术和资源，努力提高信息化管理和应用水平，为开展全过程工程咨询业务提供保障；通过对项目工程设计、建造、管理的数据化工具管理，为项目建设主体提供协同工作的基础，在提高生产效率、节约成本和缩短工期方面发挥重要作用。项目管理全过程集成运用网络经济，进行大数据处理，制定预防性的措施，最大限度实现项目管理建设目标。

（二）加强咨询人才队伍建设和国际交流

在深入分析和认识网络经济发展对21世纪劳动者素质要求的基础上，制订和实施符合网络经济发展要求的人才培养方案，培养和造就一大批高素质的网络经济发展人才；加强技术、经济、管理和法律等方面的理论知识培训，开展广泛的国际交流，引进基于网络经济的国际先进管理工具和方法，开展多种形式的合作，提升项目管理的国际竞争力。

（三）健全以网络经济为支撑的项目协同管理机制

鼓励项目业主购买招标代理、勘察、设计、监理和项目管理等全过程咨询服务，满足项目一体化服务需求，增强工程建设过程的协同性；整合投资咨询、招标代理、勘察、设计、监理和项目管理等企业，以大数据、物联网和区块链等网络经济为支撑，建立数据应用平台，建立一站式服务网络平台，处理好协同关系，开展全过程项目管理服务。

应用网络经济实现项目管理可以提高项目全过程管理水平，完善项目各阶段、各建设方的协同性，保证运营效率，增加服务供给，创新项目管理服务组织实施方式，推动高质量发展。

第三节　网络经济时代的工商管理

对于日新月异的经济发展趋势，工商管理领域应当制定相应的政策和措施，结合网络经济的背景，将理论与实践相结合，保留传统经济的优势。相关政策策略应当贴合我国供给侧改革策略，为促进中国经济宏观发展贡献一份力量。

一、网络经济的发展趋势

所谓网络经济，是指建立在计算机技术和网络技术之上的新兴经济形态，其核心为现代化的信息技术。网络经济不仅包括现代计算机技术背景下的高新技术产业，还包括高新技术在新时代的推广和运用，这也是传统经济的革命性的改变和飞跃性发展。正因为如此，不能单纯地把网络经济理解成一种独立于传统经济的新型经济体。网络经济也不是只存在于互联网上的"虚拟"经济体制，网络经济在本质上还是基于传统经济，通过以计算机为核心的现代信息技术发展起来的经济形态。

自从跨入21世纪以来，经济发展模式逐渐依赖于计算机技术、网络技术和互联网，如现在耳熟能详的电子商务和网络通信等产业都是依托于计算机技术发展起来的网络金融。随着时间的推移和技术的成熟，会有越来越多的金融产业依赖网络技术进行发展。与传统经济不同，网络经济是通过线上方式开展的，也就是说，传统方式下的买与卖、售后与服务都是依靠计算机完成的。网络经济能够大大节约消费者选购商品的时间，也能够提供更加丰富的商品选择范围，具有便捷的优点。对于实体经济而言，网络经济还能够减少经营成本，不需要通过线下实体产业开展相关经济活动。正因为如此，在生活节奏逐渐加快的当下，网络经济更加受到年轻人的青睐。

二、网络经济时代对工商管理的促进作用

（一）减少经营成本的投入

在网络经济时代，客户可以不用通过实地走访就了解了相关产品的性能和工作效率，减少了与企业负责人的会面，也能在一定程度上减少相关招待政策，避免铺张浪费。同时，企业通过网络经济的方式也能减少在店铺租金和商品包装以及招商引资方面的大量投入，不仅能够缓解公共资源紧张的现状，还能够有效提升销售量，让企业能够有更多的时间、精力和资金投入产品质量研发。

（二）帮助企业更好地深入了解市场行情

网络经济时代的一大特点就是资源共享。不同企业可以通过互联网共享原料、商品和行情等方面的数据，这要求工商管理人员不仅要掌握专业技能，学会熟练使用计算机的相关操作；还要对市场数据保持高度的敏感性，掌握企业发展模式，从而帮助企业在高速流动的市场中把握机会、占领市场，进而有效提升商品利润。网络环境能够帮助企业得到有效的市场信息，企业通过这些信息能够及时了解市场动态，从而在市场竞争中站稳脚跟，根据市场需求及时调整商品的倾销市场，贴合消费者的实际需要，只有这样才能维持商品日后的可持续发展。

（三）有利于营造公平的市场环境

在传统经济模式中，一些企业始终垄断着相关商品的市场，对于商品的核心技术和销售渠道始终不对外公开，致使市场始终存在人为操控的一面，间接导致一些中小型企业找不到发展的道路，进而日渐没落。正因为现阶段网络经济迅猛发展，为了秉承消费者至上的原则，在同一交易平台上的企业需要对各自商品的相关信息进行公开，从而促进市场合法、公平地发展。

三、网络经济时代工商管理的发展策略

（一）创新管理理念和模式

需要明确的是，过去的工商管理模式比较片面，大多缺少外界信息，并且没有相关的理论依据进行支撑。在网络技术飞速发展的当下，工商管理模式需顺应发展进行相关改革，摆脱传统方式的束缚，创立管理理念和模式，打造出规范化的管理体系，促使工商管理及其附属产业在网络经济时代蓬勃发展，降低经营成本，将富余的部分用来赏罚员工。这样不仅能够大大增强员工的工作热情，也能给员工强有力的满足感和安全感，有利于企业的整体进步和可持续发展。

(二)完善相关管理制度

一个优秀的企业应当具有完善的管理制度,通过这些制度进行管理和约束,能够帮助企业建立一个健全的规范制度,从而在充分发挥内生动力的同时产生相应的经济效益。值得注意的是,管理制度应当严格地依据法律法规来制定。同时,企业也需要设立相关监管部门保证措施的实行,让规章制度不再是一纸空文。在我国的发展规划过程中,在结合企业与市场的同时,还要加大政府对于市场的调控能力,保证企业的活力;相关监管部门要加强有效监督,落实到各个岗位上,共同促进供给侧改革的顺利发展。

(三)提高相关工作人员的技能素养

在网络经济模式下,相关工商管理人员不仅要具备诚实的信念,用良心经营经济活动;还要有过硬的知识理念,对于工商管理的发展有前瞻性,并且能够掌控发展趋势。所以,企业应该加大人才培养方面的投资,大力引进优质人才队伍,尤其是在面试阶段,就应该将个人素养和专业技能放在选拔的首位,在员工入职后也要开展道德讲座教育,从本质出发,抓好员工的综合素质这一大关。

综上所述,网络经济成为现阶段国民经济体中的重要支撑力量。在网络经济模式下,工商管理发展能够有效控制相关企业的经营成本,同时也能促进形成公平的市场环境。面对网络经济的飞速发展,工商管理及其相关产业应当适当更新管理理念,以积极的态度面对网络经济带来的挑战,为我国宏观经济发展提供源源不断的动力。

第四节 网络经济时代企业管理

作为一种新的经济形态,网络经济引发了企业组织、生存环境的剧烈变化,迫使企业不得不在多方面进行改革。分析网络经济对企业组织机构、生产组织方式、经营方式和创新机制的影响,提出网络经济环境下企业管理在观念、营销管理、生产经营方式和组织结构等方面的创新变革对策,为企业适应网络经济时代的要求,获得生存和发展机会提供借鉴。

一、网络经济对企业管理的影响

(一)对企业组织机构的影响

传统的企业组织机构的管理层次多、管理范围小,机构臃肿庞大,决策效率低下。在网络经济时代,信息的获取和传送便捷、快速,对传统企业的经营手段和经营方式产生了冲击,迫使传统企业不得不创新管理手段,优化管理机构,提高反应速度和决策效率,以适应瞬息万变的信息环境。这就要求传统企业从内部减少管理层次、加大管理幅度;从外部联合其他同行企业,形成以专业化联合、共享过程控制和共同目的为基本特征的企业间组织方式。

（二）对生产组织方式的影响

网络经济冲垮了企业传统的生产组织方式，使以前相互独立的组织方式解体。在网络经济时代，信息渗透和传递不受时空限制。不管是企业的经营手段，还是管理方式，在网络空间里都是公开的。同行业间的竞争更加激烈，更加残酷，从而促使资源和技术进行了整合，如有些企业擅长市场营销，其他企业就将市场交给这个企业负责；有些企业擅长研发设计，其他企业就将研发设计程序交予这个企业，从而形成企业间的合作。企业运营中的某些环节逐步向优势资源和技术集中，改变了企业的生产组织方式。

网络经济以互联网应用为基础的电子商务为主。这种形式颠覆了传统的企业经营方式，不再受限于交易模式和交易市场，通过网络虚拟平台和工具就可以实现商品和货款交接，完成交易。交易双方、网络经济服务部门的商业信用和支付的银行信用高度发达，保险机构、金融机构、供应商和客户在电子商务平台交易系统中高度整合和兼容，电子商务平台成为市场交易参与各方的利益集合体。电子商务打通了从生产商到消费者的通道，砍掉了中间商环节，使交易成本大大降低，提高了市场竞争力。

（三）对创新机制的影响

在不断更新和变化的网络经济时代，企业面临着从未有过的竞争压力和生存危机。因此，企业只有不断创新，适应变化，才可以获得生存的机会。创新可以是管理模式的创新，也可以是管理方式的创新。企业创新的速度要跟上网络经济更新的速度，且只有企业的创新形式适应网络经济，符合网络经济发展的模式，企业才能更好地生产和发展。

二、网络经济模式下企业管理创新变革的途径

（一）观念的变革创新

1. 经营目标观念的变革创新

长期以来，大部分企业的经营目标是实现企业利润最大化，而无视人、组织、社会和自然的共同协调发展。经营观念的变革创新，要求企业不能只顾经济利益，还要注重社会效益，承担起企业的社会责任；既要对消费者的直接利益和间接利益负责，也要对员工的身心健康和全面发展负责；还要在利用资源时注重生态平衡和经济的可持续发展，打造绿色企业，使经营目标做到经济效益、社会效益与生态效益的统一。

2. 信息观念的变革创新

互联网可以为企业提供技术、生产和营销等方面的信息，也可以开辟网络销售新市场。但是，信息具有一定的时效性，谁先掌握信息，谁就能把握先机。因此，企业要具有信息敏感度，要重视信息搜集，还要重视信息管理，免得信息被淹没在信息海洋里，以便促使信息转化为企业生产力。

3. 市场观念的变革创新

在网络经济时代，消费者的选择空间大，消费需求多样化、个性化。企业要正确认识市场的这些变化，在市场细分的基础上，依据市场导向合理定位。同时，企业还要了解市场需求，营造消费氛围，刺激消费者的消费欲望，开发潜力巨大的农村市场。

4. 产品观念的变革创新

当今，产品种类丰富多样，产品的更新换代的周期越来越短，企业要采用产品差异化策略，充分把握市场需求，开发新型高质量产品，实行名牌产品战略，增强产品形象塑造，提高产品附加值的竞争力，以占领市场。

（二）营销管理的创新变革

网络经济时代的企业营销管理具有鲜明的特色，主要表现在三个方面：

1. 网络互动式营销管理

客户能够参与企业的整个营销，实现客户和商家随时随地的互动式双向交流，有利于商家采取满足客户需求最大化的营销决策。

2. 网络整合营销管理

信息网络电子营销方式使企业和客户形成了"一对一"的营销关系，营销管理决策的连接体现了以客户为出发点，以及企业和客户不断交互的特点。

3. 网络定制营销生产

在网络经济时代，企业营销逐渐倾向定制销售，这样既可以提高客户满意度，又可以降低企业库存成本。整体上，营销管理的变革创新是一项系统工程。市场变幻莫测，营销管理只是一种手段。企业不能为了变革而变革，而要通过管理营销创新来实现资源的灵活配置，适应不断变化的环境，促进企业发展。

（三）生产经营方式的创新变革

在网络经济时代，信息传递趋于高效化、准确化，且成本低廉。商家与客户之间的信息沟通更加便捷，使商家满足客户大规模的量身定制服务成为可能。因此，生产经营方式也要向满足客户个性化需求的方向变革创新。

1. 从规模生产到规模定制

在网络经济时代，数字化网络改变了一对多的关系和生产者的统治地位。客户与企业可以通过互联网实现即时的双向交流沟通。客户可以提出自己的需求，参与产品设计。即使各个客户的个性化定制各不相同，在网络庞大覆盖面的作用下，企业仍然可以享有大批生产的规模定制。

2. 从产品经济到服务经济

在网络经济时代，企业之间的竞争不仅是产品质量的竞争和成本层面的竞争，更是服务质量的竞争，因此，企业需要实现从产品经济到服务经济的转变，为顾客提供体验式服务，满足客户的个性化服务需求。

3.从实体经营到虚拟经营

在互联网经济时代，企业可以借助虚拟网络，在企业资源有限的条件下，将其他功能借助外部力量进行整合，如外包和委托。此外，市场形势和竞争方式的新特点要求企业具备灵敏的反应能力和富有弹性的动态组织结构，即需要建立虚拟企业，以便精简机构、优化资源组合、降低成本，实现生产专业化和经营多元化。

（四）组织结构的创新变革

组织结构的变革创新就是要根据企业所处的内部和外部环境以及条件变化，打破原有的组织结构，变革组织目标，重新构建责权关系，以改善企业的经营管理，激发员工的工作热情，发挥企业的最大潜能。网络经济是基于信息技术发展起来的一种经济形态，客户需求多样化、市场竞争激烈化、经济形势动荡化。所以，要求企业的组织结构必须具备命令统一、责权明确、组织有弹性、适度分权、反应灵敏、高效率工作、企业内部沟通良好、部门间联系紧密的特点。组织结构变革创新可从以下几方面入手：

1.决策分权化

以决策为中心，进行决策分权化，调整组织作业流程、经营战略，促使信息分散化，增加决策点，推行分散决策和现场决策。

2.结构扁平化

以决策为中心的网络化组织是通过决策分权化实现的。这就意味着决策权力重心下移，即决策权多分布在下层。所以，要增大管理跨度，减少管理层次，改变权力特征，走组织结构扁平化道路，从而提高组织效率和应变能力。

3.组织柔性化

柔性化组织是指组织不固定、不正式，而是临时性、以任务为导向的团队式组织。例如，项目小组是以一特定任务为目标，临时组成团队，并不固定，随着项目的改变而调整。在网络经济时代，这样的组织方式就像网络的每个节点，具有很强的灵活性和弹性，基层组织更有自主权和主动权，从而提高了市场应对能力。

4.组织虚拟化

在网络经济时代，企业间既是竞争关系也是合作关系，但更倾向于推动企业与企业走向联合。因此，虚拟组织应运而生。虚拟组织以龙头企业为核心，为获得某种市场机会，将所需资源的若干企业集合在一起形成一种网络化的动态组织。这些企业以契约形式订立暂时联盟，利用先进的高速信息网络进行信息交换，让所有的同盟企业共享资源、共担风险、优势互补，从而实现功能集成效果。一旦目标完成，联盟就自行解体，具有很大的灵活性和松散性，很好地适应了网络经济时代的发展。

随着互联网技术的迅猛发展，网络经济正在朝着成为全球经济新支柱的方向发展，给企业发展提供了机遇，也在瓦解、改变着企业的现有组织结构、生产经营方式等。因此，企业为适应网络经济时代的发展，必须对企业管理进行变革，以获得生存和发展机会。

第五节 基于网络经济的会计管理

当前，智能信息发展非常迅速。20世纪中期，计算机网络主要用于信息的传输，由于该技术具有共享、方便和实时等特点，在世界范围内得到了一致认可。从业务的角度来看，它通常是财务会计系统的优先事项。与时俱进，将在线技术应用于财务会计管理非常重要。基于如此严格的网络时代，通常无法同时满足生产和生命周期的需求。因此，企业必须首先进行合理的调整，并使用现代化的网络技术改进并精简财务管理系统。作为公司经济的核心，财务部门控制着整个公司的经济管理和资源优化。与以前的管理系统相比，这种新模型要求会计人员采用互联网技术，并且必须充分考虑信息和信息流，确保其安全。

一、财务会计学在网络经济中的概念

网络经济也就意味着计算机网络是主要部分，传统经济被纳入其中，并且两者相互结合。应该指出的是，在线经济最重要的工作仍然是发展经济。在线技术为在线经济提供了全面、便利的环境，以便提高员工效率并使其适应时代发展应达到的要求。与传统经济相比，经济发展离不开生产和分配原则，即平等交换消费原则。在网络信息技术的支持下，网络经济显示出更大的优势。实际上，这项工作浪费了很多的时间，无缘无故地浪费了人力和物力。

二、财务会计学在网络经济中的特征

（一）信息实时性

在网络经济时代，企业可以使用信息技术收集丰富的财务数据，以便提高财务管理效率，并为企业外部的业务主管和用户提供全面、真实的信息。财务会计在互联网经济中应通过互联网技术，甚至估值方式来进行财务管理。结果发现，在互联网上收集的信息内容更广泛和全面；与此同时，信息的准确度也大幅度提高。大量信息通过计算机技术进行了优质处理，重要信息也经过了处理，从而为财务工作者提供了简洁、明了的信息报告，节省了用户寻找和总结概括信息的时间。

（二）网络共享性

不同于传统的财务管理模式，网络经济时代中的财务管理更具有网络共享性。如果公司的内部信息是开放的，那么每个财务部门的员工只需统计自己管理的财务信息，然后进行协调即可。在特定的网站上，系统将自动编辑其他人员上传的信息，并从中得出最终的分析结果。企业之间的信息共享之后，竞争企业可以咨询其他企业的财务信息。

（三）运算全球化

网络经济学和财务会计是互联网时代的产物，与之相关的信息也同样使用广泛。基于此种形式，互联网被用作实现企业之间跨境销售的渠道。特别是需要开展跨国业务的企业，传统的纸币也可以通过信息技术转换为电子货币，这可以使预算更加便利并反映运算全球化的特征。

（四）信息收益性

互联网技术和信息技术可以缩短供求关系之间的距离。借助在线销售，企业可以比投资较少的实体店获得更多的经济利益，例如，知名公司的公共网站、微信公众号等。这些系统的销售潜力非常大，销售收入也很高。互联网时代的信息收入越来越高，因此，企业在衡量其资产时，也要将信息收益计算在内。

三、财务会计管理在网络经济模式下的注意事项

（一）掌握互联网技术

在网络沟通技术的背景下，为了更好地发展财务会计，企业的各部门应以更及时、更有效的方式来实现各种财务活动全面、深入的交流和沟通，运用灵活的电子记录管理技术，最大限度地实现财务会计信息的整合和各部门的数据的整合。如果企业规模较大，并且需要使用财务会计管理数据来反映企业的发展决策，那么就需要大数据技术作为支持。另外，信息技术可以成为网络经济时代背景下财务管理的重要载体，有助于优化管理效率和降低财务风险。

（二）数据资源

随着网络经济的飞速发展，资本会计数据将呈现喷发性增长。从一般的发展来看，如果企业能够理解有关数据的所有信息，那么就相当于对企业的政策和后续的发展有了精确的了解。实际上，数据资源可以在很大程度上避免未来发展中可能出现的风险，并且为企业做出更好的科学决策提供依据。

（三）优化管理理念

管理概念是否科学，对各种公司治理决策和未来发展政策的制定都有影响，因此不能忽视。管理理念可以为调整管理目标提供有利的参考。所以，企业应与时俱进，通过采用灵活的会计管理模式来促进企业的健康、持续发展，将新的会计管理理念融入企业的整体管理理念，使得企业会计管理质量得到明显的提高。因此，企业管理人员需要及时适应新的管理理念。

四、网络经济模式下财务会计面临的发展困境

（一）法律法规不完善

在互联网技术发展的进程中，不同类型的软件相继出现，其中的信息无所不包。尽管在某种层面上，随着时间的推移，互联网世界的内容将变得更加充实、更加多样。但与此同时，互联网世界的复杂性和不确定性仍可能导致许多风险的产生。在这种情况下，企业如果想将网络技术最大限度地应用于财务会计，就需要筛选和扫描信息以确保信息的准确性。互联网技术在不断发展，但尚未实施相应的法律法规，特别是在缺乏财务会计管理的在线经济中。如今，财务会计软件得到了很大的发展，大大提高了管理效率，但是我国仍然对各种软件的开发缺乏明确的管理法规，并且管理标准也有很大差异。

（二）信息安全性不足

互联网是一个虚拟平台，该平台存在很多不确定性，如管理部门的管理工作不健全。财务会计管理通常以纸质形式保存所有数据，尽管传统的财务会计管理更易于存储，但其信息一旦被恶意利用，将对数据的完整性产生深远影响，甚至最终影响整个企业的运营。

（三）缺少财务会计管理相关的信息技术人才

在财务会计管理工作中，财务会计必须具备高质量的财务会计技能。在选择和雇用财务会计时，企业必须进行审查，加强财务会计评估，从而有效提高管理人员的专业素质和整体素质。但是，在以往的财务会计管理中，大部分财务人员的工作相对重复，管理人员很少进行决策和信息分析。在网络经济的高度发展下，财务人员的权限就会不止如此，还将更具挑战性。因此，财务人员必须对工作场所中的计算机和网络知识以及某些专业技能有透彻的了解。

五、财务会计管理在网络经济下的策略

（一）完善相关法律法规体系

在网络时代下，财务会计管理必须与时俱进，并在实践中不断更新自我创造的模式。当然，此过程迫切需要国家发布适当的法律规定对其进行保护，如使用明确的文字和规定、建立财务会计管理中的日常行为标准，及时解决出现的各种问题，使财务会计可以依法行事。我国企业不能完全借鉴其他国家的经验，必须根据我国的实际情况制定符合自身情况的行业标准，以确保我国企业可以在未来的金融活动中遵守法律并创造良好的气氛。此外，企业有必要建立一个适当的监督与管理部门，并寻求将法律制度与财务会计管理相结合，从而使有关法律法规的运作流畅。

（二）完善信息安全管理措施

在网络经济中，最重要的是增强企业内部安全管理的意识。例如，在网络系统中，企业的信息安全重要的管理环节，应用程序网络集合了财务管理所需的信息，以防止信息泄露或缺损。因此，为了企业内部的信息能够保持全面和完整，企业必须建立完善的标准并进行财务管理培训。同时，企业应注重内部安全管控，并设计符合本企业的安全软件，以从根本上解决可能存在的安全问题。

（三）加强信息化财务会计管理人员的培训

在当前情况下，重新构建具有信息技术的财务工作团队将花费过多的企业资本，对企业而言是不可行的。因此，企业应该加强自身团队建设、加强针对企业财务管理者的信息技术教育，从而提高他们对互联网使用的认识，充分整合企业财务管理信息，以便实现财务管理的新方式。

总而言之，如果想提高财务管理的质量，就应该将网络经济学与传统财务管理相结合，以便互联网技术可以更好地为企业财务管理服务。企业还要保证财务会计管理更加有效，以确保企业在竞争中独树一帜，并更好地适应市场发展的需求。企业有必要运用方法规范会计人员的日常行为，厘清会计人员的具体职责，提高会计人员的整体素质，确保企业健康、长期发展。

第六节　网络营销与企业经济管理

自第三次产业革命以来，计算机技术和网络技术更新速度日益加快，应用范围已经非常广泛，人类社会迎来了正式的网络经济时代。在这个背景下，本节基于互联网分析了其对当代企业营销管理的影响作用，重点阐述了其给营销管理中的营销对象、营销组织和营销基础等带来的深刻影响；之后，以此为基础，为国内当下的企业如何在网络经济时代下进行营销管理变革提供路径参考。计算机技术和网络技术迭代更新的步伐从未停止，也导致了当下的企业在营销管理方面产生了一系列变革。由此，网络经济对企业的营销管理产生的具体影响，以及导致的营销管理变革内容等，是本节研究和分析的重点。

互联网的定义是，按照TCP/IP网络协议，确保全球范围内各个大洲上的国家和区域及其所属的全部行业能够被连接起来，从而形成一个广泛的数据通信网，属于当下全球仅有的对所有民众开放使用的公用网。随着互联网的应用覆盖到现代企业营销领域内，产生了不同于传统的营销模式。

一、网络经济对营销管理的影响

（一）营销对象变革

较之传统企业而言，互联网企业不受时空的限制，能够随时提供服务和产品给任一地区的客户。与此同时，互联网使得市场得到很大程度的拓宽，世界各地的用户拥有的服务选择范围非常广阔。此外，借助网络平台，企业可以给个体消费者提供独一无二的私人定制服务和产品。需要注意的是，要想开发和维护好网络客户，当下的营销人员必须能够紧跟时代潮流，积极创建个性化的销售信息档案，从而有针对性地制定营销策略促使客户进行消费。

（二）营销基础方式的变革

菲利普·科特勒(Philip Kotler)是一名美国的学者，他认为，4P营销理论，即产品(Product)、价格(Price)、促销(Promotion)、渠道(Place)"代表卖方的立场，能够对买方施加影响作用"。20世纪末期，美国营销学家罗伯特·劳特伯恩（Robert Lauterborn）阐述了一个观点，即处于"买方市场"条件下的营销必须以买方的立场为切入点展开，提出了代替4P的4C理论，具体而言，就是站在买方的立场，关注买方的需要和欲望（Customer needs and wants），提供条件给买方便利（Convenience），考虑买方的成本（Cost to customer），重视买卖过程中的双方沟通（Communication）。由此可知，4C策略始终以买方为营销制定的参考立场，让买方进入营销过程中；换言之，就是在网络经济模式下以4C营销策略为主。在互联网营销之下，客户的需要和欲望能够得到更好的满足。

营销基础方式的变革是指摒弃传统的间接营销，持续推进现代的直复营销。实际上，基于传统营销方式，企业的产品在最终到达客户手中的时候，通常需要历经多轮的中间商传递才能实现，由此，使得市场反应和顾客的反馈信息有相对比较长的周期。较之传统营销而言，网络营销具有直复营销的典型特点。具体而言，直复营销中的"直"的字面意思为直接，内涵是不需要借助任何中间分级渠道，直接借助媒体将企业与消费者连接起来，销售通过网络渠道实现，由此，消费者能够在互联网上直接向企业发送订单并进行结算买单；"复"的字面意思为回复，内涵是企业与消费者的交互，换言之，即消费者会直接对企业的产品和服务给予干脆的要或者不要的回复。借助互联网技术，企业能够得到最新的消费者回复数据，于是就可以根据这些数据调整和重新制定营销策略。客观而言，直复营销有着多种积极作用，可以实现面向营销效果的可度量性和可控性等。

（三）营销组织变革

营销组织变革是指摒弃传统的实体营销组织，积极建立起现代的虚拟营销组织。传统的营销组织特点包括：①功能化，具体而言，即实体组织的功能涵盖了开展业务活动的一切功能。②内部化，具体而言，即实体组织不需要借助外部力量，仅凭自身的功能就能够进行相关的组织活动。③集中化和规模化，具体而言，即实体组织能够把现有的一切所需功能和资源通过集中起来使其具有规模化。

与传统组织不同的是，诞生于网络信息时代的营销组织的最大特点是具有虚拟性。展开而言，该类营销组织包括如下特点：①专长化，具体而言，即仅仅发展和维持好本身具有的专长和功能，从而让组织规模保持分子化。②合作化，具体而言，即虚拟营销组织在功能方面其实不再呈现系统化和全面化，由此，其必须依靠自身之外的市场资源来弥补本来缺少的功能和资源，从而与其他企业开展一系列必要的合作。③离散化，具体而言，即虚拟营销的资源和功能不再具有集中性，而是呈离散状态，借助网络才得以连接起来。

综上，现代的虚拟营销组织打破了传统企业的功能架构，有利于现代企业通过优势互补的合作分享资源，达到资源的优化配置，加强企业的核心能力。

（四）沟通模式变革

沟通模式变革是指摒弃传统的单向分离式传播，广泛应用双向互动的现代多媒体式传播。事实上，传统的营销手段往往仅能实现单向的信息输送，导致消费者长期处于被动态势。此外，信息传播模式呈分离式。在进行信息传播时，大部分信息传播都是依靠广播电视和报纸杂志等传统媒体，传播的效果有限。然而，处于网络环境下，信息的传播实现了双向交流。借助网络渠道，企业能够在同一时间与全球不同区域消费者展开沟通和联系，从而能够及时倾听消费者对商品和企业的服务所提出的建议，且可以对这些建议在第一时间在做出反馈。此外，互联网能够传输多种媒体信息，无论是平面类型的文字信息还是立体的图像信息都可以传播，所以，能够保证信息具有良好的传播效果。

二、网络经济时代营销管理变革的建议

（一）把握网络经济发展机遇，尽快形成网络竞争优势

互联网经济的潜能巨大，是当代企业营销的主导方式。随着全球化浪潮的席卷，企业的生存压力越来越大，由此，越来越多的企业开始积极运用国际互联网，以增加自身的竞争力和促进自身的发展。根据《财富》杂志统计的数据可知，世界五百强企业现在基本都已在网上开展或多或少的业务。英特尔的前首席执行官安迪·葛洛夫（Andy Grove）曾明确提及：想要获得生存和发展的企业必须在 5 年之内应用互联网，如若不然，势必会关门大吉。网络营销的存在，有力地促进了企业大、中、小规模的差别的消失，从而创造出更加公平的竞争环境，让企业的发展条件更加平等。基于此，国内企业应该主动展开网络化经营战略，从而在激烈的网络竞争中占据一席之地。

（二）建立企业的信息优势，加快构筑企业网络营销平台

企业占据信息优势之后，就能够于网络经济时代中获得生存空间。最新的统计情况显示，当下国内有网站的企业数量为 15 000 家。由此可知，国内企业的信息技术和设备投资

只在总资产中占有 0.3% 的比例，与发达国家 10% 的水平相差甚远。所以，我国企业目前亟须加强信息化建设：①打造企业自身的网络站点。②打造企业内部的 MIS 管理信息系统，如此一来，可以对企业内部产、供等相关流程开展科学的计算机管理。③全面打造企业的内联网和外联网，具体而言，内联网能够将企业内部各组织间的计算机网络连接起来；外联网则属于企业对外打造的用于营销运作的虚拟平台。④打造合理的企业信息管理模式。

（三）将企业的信息优势转化为竞争优势，制定合理的竞争战略

为了掌握网络竞争优势，企业必须竭尽全力把自身的信息优势转为竞争优势；之后，企业应该根据实际推出合理的竞争战略，如重新调整市场理念，从而通过更好、更快的服务和产品来不断拓宽网络营销渠道；开展定制产品的服务，让消费者能够得到个性化服务；积极推广互动式营销；始终恪守当下的网络礼仪，实施软营销，也就是说，应该尽可能提供大量信息代替说服等。

（四）利用互联网提高企业的营销决策能力和快速响应能力

基于互联网的互联互通性，互联网拥有令人应接不暇的海量信息。企业处于网络经济时代，只有强调营销决策的快捷性和科学性，才能掌握竞争先发优势。企业在制定营销策略前，应该积极在互联网网上收集和归纳有用信息，以期让策略更加符合实际并取得效果。此外，在网络经济时代，消费者更加倾向于得到即时满足，由此，企业必须要拥有对市场的快速反应能力。

第六章 网络经济管理创新

网络经济的到来，使我国的经济和社会生活发生了深刻的变化。科技发展速度越来越快，竞争越来越激烈，市场多变并日益趋向全球化，企业管理也日渐复杂。可以说，在这样的一个新环境中，企业有了更广阔的生存空间，但是生存的难度也在增加。企业要想在新的环境中更好地发展自己，必须进行全方位的管理创新，不创新就会灭亡。

管理创新是指企业不断根据市场和社会环境的变化，重新整合人才、资本和技术等要素，以适应、满足和创造市场需求，从而达到自身的经济效益目标和完成社会责任。全面的管理创新是企业在网络经济模式下生存、发展的基本条件，具体包括观念创新、技术创新、组织创新、管理模式与方法创新、管理制度创新、文化创新等方面。

第一节 观念创新

人类社会的每一次重大变革，总是以思想的进步和观念的更新为先导，企业的管理创新也不例外。观念创新是企业全面创新的核心，是其他创新的先导。如果没有观念创新，那么其他创新便无从谈起。观念创新最主要的是要求企业树立知识价值观念、以人为本的人力资源管理观念、合作竞争观念、全球化经营观念和可持续发展的观念等。

一、知识价值观念

网络经济是以信息和知识为主要特征的新经济形态。在网络经济时代，知识的作用越来越突出，知识资本逐渐形成，并成为新经济的推动力。知识正推动着企业由以投入资金和劳动力为主朝着以投入知识为主的方向转变，企业传统的技术、单一的知识结构也正向高新技术、综合知识结构转移。这就要求企业从战略的高度重视知识的作用。很多跨国企业不惜将重金投向知识的研究开发和高科技人才的引进，其实都是在进行知识的储备和更新，为保持竞争优势做积累。

一个企业要想在网络经济模式下取得成功，就必须牢固地树立知识价值观念，充分重视知识的作用，加大对知识的投入力度。

二、以人为本的人力资源管理观念

网络经济给人力资源的管理和开发带来了很多方便，如网络的出现缓解了工作者所受的地理因素限制，使远距离工作成为可能；工作方式更加灵活和自由；企业可以对员工进行在线培训，员工可以随时随地接受培训，企业节省了投资，也易调动员工的学习积极性等。但是，网络经济也在加剧企业对高级人力资源的争夺，对人力资源的素质提出了更高的要求。

面对网络经济给人力资源管理带来的这些变化，企业必须加强对人力资源的管理和开发，以适应网络经济的要求。

（一）提高人力资源的整体素质

网络经济的发展需要多层次的人才，所以要大力发展基础教育，重视素质教育，并着重培养适应网络经济时代需要的各类人才。在我国网络经济的发展初期，对应用型高科技人才的需求是十分迫切的，所以教育的任务就是着力培养这样的人才。

（二）促进人力资源的全面发展

以人为本的管理思想是以培养人的能力并使人的潜能有效释放为着眼点，所形成的企业文化是开放的、民主的，造就的是主体性强、富于自律和具有创造精神的管理人才。以人为本的管理要求理解人、尊重人、充分发挥人的主动性和创造性，可以分为情感管理、民主管理、自主管理、人才管理和文化管理五个层次。管理要求包括：运用行为科学，重塑人际关系；增加人力资本，提高劳动质量；改善劳动管理，充分利用劳动力资源；推行民主管理，提高劳动者的参与意识；建设企业文化，培育企业精神等。可见，要真正做到人本管理，就要充分重视人的需要，调动每个人的积极性，并采用多种激励手段来激发每个人的潜能。

另外，还要塑造一个有利于人力资源发展的环境，即尊重知识、尊重人才，并有适度的竞争和良好的培训。在这样的环境中，员工能体会到知识的可贵，从而不断地学习，以扩充知识储备并提高技能水平，而且真正有才能的员工能在企业中担当重任。既有压力也有动力的适度竞争机制和良好的培训环境，能够激励员工不断进取、不断创新，并积极提高其自身的素质。

（三）促进人力资源的合理流动

人力资源的流动和转移是合理配置人力资源的方式和手段，是充分利用人力资源的重要形式，是网络经济的客观需要。为此，要尽快建立和完善统一的人才市场，对人才的合理流动进行统一的协调和配置，加快各种社会保障制度的改革步伐，以实现市场对人力资源的自然配置。

三、合作竞争观念

在网络经济模式下,企业面临的内部和外部竞争环境已经与以往有了很大的不同,从而对竞争的理念也提出了新的要求。

网络的普及使人们受时间和空间的限制日渐减少,信息可以自由和快捷地在网上流动。所以,对企业来讲,业务在便利和能扩展到全球的同时,竞争范围也随之扩大到了全世界。竞争变得异常激烈,但是竞争的优势却发生了改变。原来竞争的优势主要体现在厂房、设备、资金和劳动力等有形要素上;而在网络经济模式下,竞争优势主要取决于:信息、科技、人力资源的素质、形象和战略等。

在这样的竞争环境下,企业必须树立新的竞争观念以适应网络经济发展的需要。这种新的竞争观念就是合作竞争,以合作求竞争,共同将利益蛋糕做得更大,从而使双方都受益。在信息技术和网络技术高速发展的情况下,任何一家企业的资源都只能具有某种单一核心优势,如果企业能与竞争对手把各自的核心优势结合起来,做到优势互补,则必将能够形成共同的竞争力,达到双赢的效果。例如,苹果公司和国际商业机器公司(IBM)的竞争联盟就是这样的,虽然在销售产品时二者仍然是竞争对手,但通过联盟,二者可以互相分享最先进的技术和一些商业机密,通过合作完成两家公司都不能单独完成的项目。

在合作竞争中,企业要注意联盟内部的权力再分配。这是因为随着时间的推移,合作各方的核心优势的相对重要性可能会发生变化,从而引起联盟内部的权力再分配。为避免在合作竞争中的地位弱化,合作各方应注意培养自己的核心优势并力求创新,争取在竞争联盟中取得主导影响力。一般来说,一个企业在联盟中影响力的大小主要取决于其核心优势相对于其合作伙伴的核心优势的重要性和独特性,所以,合作各方时刻都要保持积极进取的精神。

四、全球化观念

随着经济全球化进程的加快和全球信息网络的形成,企业的经营管理应形成全球化的观念。也就是说,企业在组织生产、销售、经营管理等方面要突破一国、一地的地理空间概念,从国际化、全球化着眼,制定企业发展和竞争的战略。全球思维可以指导企业在世界范围内谋求发展机会,取得最佳的长期效益。

美国宝洁公司总裁埃德温·刘易斯·阿尔茨特(Edwin Louis Arzt)曾说:"市场的全球化将成为决定 21 世纪经济增长速度的首要因素,达不到世界标准的企业,将越来越没有希望在地方一级进行竞争。"也就是说,随着经济的全球化和网络的普及,即使企业没有走出去,也可能面临来自全球的竞争和威胁,这是因为别人可以走进来。所以,在网络经济条件下,企业的管理者必须要自觉地培养全球化思维能力,要有面对全球化挑战的心理准备,并能根据世界的种种变化做出自己的决策,积极地进行全球经营。

企业的经营管理者要培养的全球化思维能力主要体现在几个方面：①着眼全球的眼光。无论是跨国企业还是地方性公司，其管理者都必须具备全球眼光和全球化思维方式。②开放的态度。这不仅是指企业要接受新事物，还包括企业愿意公开的更多信息，而且企业必须更多地考虑合作竞争的新概念。③快速应变和创新能力。创新是快速应变的有效支持，而且创新的最终目的也是快速应变。全球化时代是信息快速流动的时代，任何创新都可能被快速模仿。不断创新、以变应变才是企业成功的秘诀。④文化宽容性。也就是说，企业要顾及他国的文化主流，企业如果不能容忍他国文化，就会遭遇排斥。⑤努力不懈地追求品质。在网络经济时代，吸引消费者回头的唯一法宝便是产品和服务的品质。努力成为一国、一地的最优品质并不能确保企业永远成功，因而企业必须面向全球经营。

在网络经济条件下，企业要进行全球经营，面临的环境是顾客的全球化、资源的全球化和竞争的全球化，这样的环境是工业经济时代所没有的。在这样的一个快速变化的环境中，企业获胜的关键是对信息做出及时的反应，以最快的速度满足消费者的需要。企业必须学会如何在瞬息万变和极度不稳定的全球网络环境中，运用全球化思维来调整组织结构和自己的竞争优势来适应这个新环境，从而取得长远的发展。

五、可持续发展的观念

网络经济是可持续发展的经济形态。所以，当今的企业在经营管理的过程中必须树立可持续发展的观念，以符合整个时代的要求。

网络经济是以知识和信息技术为基础的经济形态，以可持续发展为特点，也为人类社会实现可持续发展提供了可能性。在网络经济中，增长的核心要素和重要资源是知识和信息，从而在一定程度上突破了自然资源稀缺这一"瓶颈"，为经济的可持续发展提供了可能。另外，网络经济也将信息技术广泛应用于经济活动的每一个环节，能够形成对传统产业的渗透作用，促进传统产业的知识含量提高。信息技术的发展还可以减少对自然资源的依赖，并提高自然资源的利用效率，这也为可持续发展提供了可能。所以说，网络经济是可持续发展的经济，在这样的环境中，企业只有树立可持续发展的观念，才能取得长远的发展。①

第二节　技术创新

无论是在工业经济时代还是在网络经济时代，技术创新都是企业取得市场竞争优势的关键所在，这种关键性在网络经济时代更加突出。随着经济的全球化和无国界经营趋势的加强，企业面临着来自更广范围的挑战，而只有技术创新才能给企业带来核心的竞争优势，其他方面的管理创新最终也都需要技术创新来保障。

---

① 郭心怡. 浅谈网络经济对企业管理的影响 [J]. 福建质量管理，2019（3）：6.

一、技术创新的含义

技术创新是指企业为了满足顾客的需求和提高企业的竞争力而从事的以产品及其生产经营过程为中心的包括构思、开发和商业化等环节的一系列创新活动,包括产品创新和过程创新等。技术创新是一项高风险、高收益的活动,其面临的风险主要是技术风险和市场风险。创新一旦失败,就会给企业带来不可估量的损失。但高风险总是与高收益联系在一起的,有资料显示,技术创新只要有20%的成功率就可收回全部投入并可取得相应的经济效益,还能给企业带来很强的竞争优势。技术创新是一项超前性的活动,否则就难以达到目的。

二、企业技术创新与竞争优势

企业技术创新与竞争优势之间是相互促进的关系,有了技术创新就有了竞争优势,有了竞争优势也就有了更强的技术创新的信心。另外,技术创新的一个重要目的就是要创造新的竞争优势。

当今,在网络经济模式下,科技的飞速发展使产品的更新换代加快,企业面临的环境日益复杂且不确定因素在不断增加,所以竞争也就更加激烈。在这样的市场环境中,企业如果凭借新产品来参与竞争,则优势就比较大。在网络经济时代,技术创新能给企业带来的竞争优势主要有:①通过产品创新抢先占领市场。②通过过程创新使产品成本下降,获得价格上的优势。③通过创新节约了资源,使企业内部资源配置更趋合理。④通过创新使原有竞争对手的威胁程度大大降低,从而使企业在竞争优势的基础上获得更大的发展。这些都使企业在网络经济环境中面临的不确定性减少,极大地增强企业在市场上的整体竞争力。

从市场竞争来看,核心是技术竞争。发达国家在技术开发和创新上不仅有大量投入,而且还不断以优厚的条件网罗人才,促进高新技术的开发和向各领域渗透。技术创新已成为一个国家或企业获得竞争优势的第一推动力。另外,从企业的长期发展来看,技术优势肯定是企业最重要的竞争优势。通过创新,企业确定了自己的技术优势,可以开拓新的市场,促进企业的长远发展。所以,企业技术创新的重要目的就是在市场竞争中获得优势地位,提高自己的竞争能力,减少企业未来的不确定性,降低企业受威胁的程度,从而为企业的长远发展创造条件。[①]

---

① 李铭毓.分析网络经济时代知识产权保护面临的挑战及对策[j].法制与社会,2019(6):71-72.

三、技术创新的策略

（一）积极开发新技术或新产品

这种策略是指创造出一种市场上从未有过的技术或产品，成为市场上的第一。这种技术创新常常需要的时间较长，企业投入的资金也较多，对开发人员的素质要求也较高。但创新一旦成功，就会给企业带来技术上的突破，给企业奠定"人无我有"的竞争优势，也能给企业带来丰厚的收益。

纵观个人计算机发展的历史可以发现，正是这种技术创新促进了个人计算机的发展。PC Magazine 于 1984 年特为技术创新设立了"技术卓越奖"，奖励在技术上取得突破和有独创性的产品，并在全球规模最大、影响最广的计算机分销商展览上颁奖。著名的微软公司就是获奖公司之一，共有 24 项产品获得这一奖项，几乎一年一项。到目前为止，还没有哪家公司像微软一样，创造出如此繁多的新技术和轰动世界的软件产品。让每个人的办公桌和家里都拥有一台计算机的美好设想，在十年前还是一个梦想；微软产品的出现让人们能够轻松地操作计算机，加之其产品始终强调集成和使用功能，已经让这个梦想变成了现实。微软对信息产业的贡献可按其产品种类加以总结归纳，从操作系统到各种各样的应用软件、实用软件、开发工具、娱乐产品和网络管理产品等，不胜枚举。也正是因为为大众提供了数不清的先进产品，微软得到了丰厚的回报，其产品市场占有率之高有目共睹。

这种策略要求企业以市场需求为导向进行技术创新。市场需求什么，企业就要朝这个方向进行技术创新。在市场上，产品能否很好地满足消费者的需求。能否迅速地销售出去，是决定企业命运的大事。企业的技术创新的目的是增强产品的竞争力，提高市场占有率，所以，企业必须注重顺应市场，引导市场，不仅要把立足点放在全新技术和产品的开发上，更要把立足点放在产品的"卖出去"上，以实现预期的效果。如果企业忽视市场需求，就会造成技术创新与市场脱节，达不到提高竞争优势和市场占有率的目标。因此，技术创新要围绕市场来进行。

事实上，很多成功的企业都是围绕"卖出去"进行技术创新的。海尔公司的管理层就认为，对于企业技术创新来说，最重要的就是要有市场效果，检验技术创新成功与否的重要标准也是看市场效果。所以，海尔公司在开发新产品时，总是认真地研究来自消费者的建议和意见，把消费者的难题作为企业的科研课题，努力解决消费者的不满意点和希望点，真正把技术创新放在满足消费者的需求上，因而获得了良好的经济效益。

在激烈竞争的网络经济时代，企业只有不断地追求技术进步，努力提高产品的技术含量，积极开发新产品，才能扩大市场占有率。但需要注意的是，技术创新与技术进步不同，技术创新是一种经济和商业行为，技术进步是一种纯技术行为。如何进行创新，采用何种技术，关键是要看技术能否满足消费者的需求，而不是单纯地看技术多先进，也就是说要让技术进步为企业带来巨大的经济效益。否则，即使技术再先进，如果不被市场接受，那么还是不能给企业带来竞争优势和效益，达不到技术创新的初衷。

（三）主动的技术创新

在网络经济时代，企业面临的环境更加变化无常，面对的竞争也更加激烈。为了在这样的环境中取得生存和发展，企业就不能坐等挑战的来临，而应该积极主动地进行技术创新，这已成为竞争的必要手段。

如果企业能够主动地进行技术创新，那么企业就掌握了主动权。英特尔公司的创始人戈登·摩尔（Gordon Moore）在1965年就曾预言，计算机微处理芯片的记忆容量每18个月就将增加一倍，这就是摩尔定律，也是英特尔公司信奉的企业宗旨。英特尔一直就是按照这个发展速度不断推出创新的产品，使全世界的计算机微处理芯片市场都在它的冲击下呈现这一规律。英特尔完全掌握了主动权，不仅每18个月就推出新产品，而且每9个月就增加厂房设备。利用这种主动创新的策略，英特尔公司成功地掌握了芯片市场竞争的主动权。

第三节　组织创新

随着信息技术和网络经济的发展，企业经营的内部和外部环境均发生了巨大的变化。传统的组织结构已经很难适应环境的变化，组织创新已是大势所趋。基于信息和知识的组织结构必将成为未来社会的主流。所以，企业在逐步实现信息化的同时，也要根据自己的功能特征、人员素质、流程特点和经营理念，选择一种最可行的组织创新模式，以适应环境变化的要求。

一、组织创新的趋势

在全球化、信息化和网络化的时代背景下，传统组织结构中的管理幅度和层次理论受到了很大的挑战。未来企业组织结构变化的主要趋势可以概括为：扁平化、网络化、柔性化和弹性化。

（一）扁平化

扁平化即管理幅度加宽、管理层次减少。长期以来，企业都是按照职能设立管理部门，按照管理幅度划分管理层，形成了金字塔式的组织结构。信息交流集中表现为自上而下或自下而上的上级与下级之间的交流。中间管理人员是企业基层与高层之间的关键纽带，负责信息的上传下达。但这种组织结构越来越不适应信息社会和网络环境的要求。现代信息技术和企业内部网的使用使得横向的和越级的信息交流成为可能。借助网络，企业的最高管理者可以随时直接了解下情，基层管理人员也可以直接与最高领导对话，这就逐步弱化了中间管理层的功能。减少管理层次已经成为一种新的趋势，如美国已经提出了"取消中间经理"的口号。企业信息系统的发展使得高层管理人员的管理幅度加宽,而且使得信息的传播速度加快。组织结构向扁平化转变,不仅可以提高经营管理效率,也降低了经营管理费用。

(二)网络化

网络化是指企业可以利用网络把自己与"盟友"连接在一起,形成一个网络型组织,改变企业进入市场和接触客户的方式,实现安全、高效和准确的企业管理。这样企业的很多业务就可以通过网络来完成,如可以省去传统的中间商,通过网络直接向消费者供货。信息技术和网络的发展已经使这些成为可能。

(三)柔性化

组织结构的柔性化是指在组织结构不设置固定的和正式的组织,而代之以一些临时性的、以任务为导向的团队式组织。借助组织结构的柔性化,可以实现企业组织集权化与分权化的统一、稳定性与变革性的统一。例如,可以把一个企业的组织结构分为两个组成部分,一个是为了完成组织的一些经常性任务而建立的组织机构,这部分比较稳定,是组织结构的基本组成部分;另一个是为了完成一些临时性的任务而成立的组织机构,这部分比较灵活,是组织结构的补充部分,如各种项目小组和咨询专家等。

(四)弹性化

弹性化就是让基层有更大的自主权。如一些企业为了提高自身的组织结构弹性,就在组织结构上把核算单位划小,给基层组织以更大的自主权和主动性。[1]

二、新型的企业组织形式

(一)学习型组织

学习型组织是美国管理专家进行系统研究后提出的一个概念。这一概念认为,从20世纪90年代起,最成功的企业主要是重视学习能力的企业。这一概念一经提出就引起了强烈反响,世界众多企业已开始按照这个理论对企业进行改造,如在世界排名前100名的企业中有40%的企业进行了改造,在美国排名前25名的企业中也有20家企业进行了改造。

学习型组织的出现为企业的组织创新提供了一个新方向。美国教授彼得·圣吉对学习型组织提出了五项修炼:

1. 超越自我

这是学习型组织的精神基础,也就是说要不断地深入学习,集中精力,培养耐心,不断地进行创造和超越,实行终身的学习。

2. 改善思维模式

思维模式是指每个人或组织的思考和行为方式,它影响着人或组织如何了解世界及如

---

[1] 陈晨. 团购的网络经济学特征及企业竞争方式 [J]. 知识经济, 2018(20): 54+56.

何采取行动。所以，学习型组织必须不断地改善思维模式。

3. 建立共同远景

实现共同远景是组织中最能鼓舞人心、凝聚力量的因素，因此，学习型组织必须是一个有共同目标、价值观和使命感的企业。

4. 团队学习

团队学习的有效性不仅在于整体能产生出色的效果，也在于这种方式使个别成员成长的速度比其他的方式要快。通过团队学习，还可以找出最佳的学习模式。

5. 系统思考。

在网络环境中，影响企业发展的因素很多，所以，企业型组织必须学会用系统的方法来分析问题。

从上面的分析可以看出，学习型组织就其本质来说是一个具有持久创新能力，能够去创造未来的组织，也是一个开放、灵活、不断进取的组织。所以，传统企业的组织创新可以朝这个方向改进。

（二）网络型组织

随着网络经济的发展，灵活的、适应性强的网络型组织必将成为企业组织创新的主要方向。

1. 空洞型网络组织

这是一种以短期契约关系和市场交易关系为基础的网络型组织结构，适合高度变化的竞争环境。核心企业利用一个强大的管理信息系统来协调众多的成员企业，工作的完成主要依赖网络的组织成员。

2. 灵活型网络组织

这是一种以长期合作关系为基础的网络组织结构。核心企业组合不同的资源，协调网络组织的成员企业来探明用户的需求、设计产品和建立供应源等，以连续的新产品来满足客户的各种需求。

3. 增值型网络组织

这种组织将各成员企业连成一个增值链。核心企业将产品的创新和设计作为自己的核心能力，将其他的增值活动分配给其他成员企业完成。

（三）虚拟企业

网络经济的兴起和信息技术的日新月异，消除了人与人之间知识和信息传递的障碍，推动了企业经营意识和管理观念的改变。构建虚拟企业组织形式成为网络经济模式下，许多企业进行组织创新和谋求长远发展的重要选择。

虚拟企业实际上是一个动态的企业联盟，能对市场环境的变化做出快速的反应。其基本运作模式企业是在有了一个新产品或产品概念后，利用各种手段将业务外包。核心企业本身只以创新行为和名牌效应为龙头，对涉及制造和经营的各项业务进行系统集成和过程集成。可见，虚拟企业的实质在于突破企业的界限，在全球范围内对企业内部和外部资源进行动态配置和优化组合，以达到降低成本和提高竞争力的目的。

由于虚拟企业是一种开放的组织结构，没有固定的组织层次和内部命令系统，因此可以在信息充分的条件下在网上选出合作伙伴，迅速集成各专业领域里的独特优势，实现对外部资源的整合利用，从而以极强的结构成本优势和机动性，完成单个企业难以承担的市场功能，如虚拟开发、虚拟生产和虚拟销售等。如果企业有了新的产品创意，就可以马上从互联网上寻找合适的厂商进行生产，寻找专业化的营销企业进行营销，做到高速度地规模化生产和销售。

第四节 管理模式和制度创新

随着经济全球化和网络经济的发展，市场竞争变得愈加激烈，消费需求日趋主体化、个性化和多样化。面对这样的挑战，企业不仅要进行观念、技术和组织的创新，还要采取一些先进的管理模式和方法，并对管理制度进行改革创新，以适应新的需求。

一、管理模式创新的要求

适应网络经济发展的管理模式要求企业在计算机技术和网络技术的支撑下，把技术、知识、管理和人力等多种资源整合在一起，使各种生产要素紧密配合、协调运作，充分发挥各种资源的优势，使其在缩短产品开发周期、保证产品质量、降低生产成本、提供及时服务、提高企业的竞争能力等方面起到应有的作用。

与传统的管理模式相比，创新的管理模式应该更加高效、敏捷，能迅速地对市场变化做出反应，而且在管理中，更强调以消费者的需求为中心，并注重各环节的协调和配合，组织的凝聚力也得以增强。创新的管理模式应该具有柔性化、集成化、数字化和智能化等特点和优势。

二、管理模式创新的思想

（一）动态的、敏捷的管理思想

在消费需求变化不断加快、市场竞争日趋激烈的今天，企业必须对不断变化的消费者期望、市场环境、经济形势与政策、竞争者的策略与行动等做出迅速的反应。也就是说，企业要树立一种动态的、敏捷的管理思想。只要环境在变，管理模式就要创新。因此，企业需要对内部和外部的各种资源进行动态的重新配置，勇于创新，以更好地满足消费者的需求、更快地适应市场变化能增强企业的竞争力。

敏捷管理思想是20世纪90年代美国在总结多国经验的基础上提出的，它的目标是建立一种能对消费者需求做出快速反应的、市场竞争力强的管理模式。这种思想要求企业具有抓住转瞬即逝的机遇和持续创新的能力，并重视企业间动态的合作。

（二）以人为本的管理思想

在科学技术飞速发展的今天，人们对个人价值的实现提出了更高的要求。尊重个人选择，承认个人价值已逐渐成为企业管理的一项重要内容。所以，企业在进行管理模式创新时，要体现以人为本的管理思想。管理学家理查德·科克（Richard Koch）和伊恩·戈登（Ian Gordon）提出了"没有管理的管理"，其实就是以人为本管理思想的体现。"没有管理的管理"是建立在充分信任，注重最大限度地发挥每个人的主动性、积极性和创造性的基础之上的，使人人都成为管理者。

三、新型的管理模式

（一）柔性管理

柔性管理是针对网络经济和全球化经营提出的新的管理模式，讲求管理的软化，以管理的柔性化来激发人的主观能动作用。它以"人性化"为标志，强调变化与速度、灵敏与弹性，注重平等与尊重、创造与企业精神。柔性管理可以使企业对变幻不定的市场做出灵活、迅速和及时的动态反应，以达到保持和获得竞争优势的目的。

企业采用柔性管理模式时，需注意构建以下几个关键要素：

1. 以满足消费者的需求为导向

柔性管理要将消费者的需求放在首位，不仅向消费者提供物品，而且要丰富消费者的价值感受。所以，企业不仅要确定如何解决消费者所关心的问题和丰富消费者的价值感受，还要注意开发消费者的潜在需求。

2. 突出人本管理的思想

柔性管理的一个很重要的方面就是尊重人，为员工创造一个良好的氛围，鼓励员工的学习和创新精神，处处体现以人为本。

3. 提高企业的学习能力

企业要发现市场的需求和动向，不仅需要大量的信息，更需要敏锐的洞察力，需要智慧和灵感。所以，在市场瞬息万变的网络时代，企业只有通过发挥各个方面的创新力量，才能造就一个智能化的企业，才能不断地获取新的竞争优势。因此，增强企业的学习能力，使企业成为一个真正的学习型组织，是企业立于不败之地的保证。

4. 转变组织结构

组织结构要由金字塔型转变为网络式的扁平化结构，以提高信息的传递效率，加强部门之间的沟通，从而提高整个企业的灵敏反应程度，使企业能够更迅速地抓住市场机会。

（二）数字化管理

数字化管理是随着网络经济时代的到来出现的一种新的管理模式。一般来说，它是指利用计算机、通信、互联网和人工智能等技术，量化管理对象和管理行为，实现计划、组织、服务和创新等职能的管理活动和管理方法的总称。

1. 数字化管理的特点

（1）定量化。数字化管理是指应用模型化和定量化的技术来解决问题。

（2）智能化。数字化管理系统具有分析和模拟人脑信息和思维过程的能力。

（3）综合性。数字化管理强调综合应用多种学科的方法，除需要管理学、经济学、数学、统计学、信息论、系统论和计算机知识外，还随着具体研究对象的不同需要行为科学、社会学、会计学和控制论等方面的知识。

（4）动态性。在数字化管理的过程中，要随着内部和外部的情况变化而不断补充和修改数字化的信息输入，从而求出新的数字化的最优信息输出。

2. 企业要成功地进行数字化管理应该注意的问题

（1）企业要把数字化管理作为企业的经营战略。这是一种在全企业范围内实施的综合性战略计划，采用这种计划的企业要坚信数字化管理对企业的长期发展和提高企业的竞争力至关重要，要不遗余力地推行数字化管理战略计划。

（2）企业要建立支持数字化管理的组织体系和组织形式。为了实现企业的数字化管理并取得成效，企业要建立一个有效的组织体系。在这一体系中，①要有负责数字化管理活动的领导者，承担制定数字化管理的计划和战略；②要成立专门的小组，完成与数字化管理活动有关的任务；③要建立支撑数字化管理的基础设施。另外，与数字化管理相适应的组织形式是"扁平型"的结构，而不是传统的"金字塔型"的结构。

（3）企业要加大对数字化管理的资金投入。企业的任何一种管理活动都需要资金的支持，这是毫无疑问的。

（4）企业要开发支撑数字化管理的技术和软件。迅速发展的互联网技术、内部网技术、外部网技术、计算机软件和硬件设计、通信技术个、人工智能技术是数字化管理的外部支撑条件，它们为管理信息的识别、获取、传输和利用提供了强有力的工具。

（5）企业要创造对应数字化管理的企业文化。有利于数字化管理的企业文化包括良好的员工职业道德、企业荣誉感和团队精神等。此外，企业管理层的支持也是数字化管理成功的保证。

（三）虚拟运作

虚拟运作是指企业根据市场的需求和自身的竞争条件，将可利用的企业外部资源与内部资源整合在一起，以提高企业竞争力的一种管理模式和方法。可见，虚拟运作是一个动态的、知识联网式的协作过程，其目的是增强企业的竞争优势，提高企业竞争力。

虚拟运作可以通过人员虚拟、功能虚拟、企业虚拟来实现。人员虚拟是指企业将外部的智力资源与自身的智力资源相结合，以弥补自身智力资源不足的管理模式。在一般情况下，企业多聘请外部的管理专家或其他方面的专家。功能虚拟是指企业借助于外部的具有优势的某一方面功能资源与自身资源相结合，以弥补自身某一方面功能不足的管理模式，如虚拟生产、虚拟营销和虚拟储运等。企业虚拟是指彼此进行合作竞争的、有共同目标的多个企业结成战略联盟，为共同创造产品或服务、共同开创市场而实施全方位合作的管理模式。企业虚拟的有形载体是虚拟企业。虚拟企业是指具有不同资源优势的企业，为了在市场竞争中取胜而组成的、建立在信息网络基础上的联合开发、互助互利的企业联盟体。

在实施虚拟运作时，企业要注意以自己的核心优势为依托，从而使自己的资源得到最大的发挥，虚拟方向一般是企业的劣势所在。另外，虚拟运作的各方要相互依赖、相互信任，进行信息交流和共享，并努力减少文化冲突。[①]

四、管理制度创新

（一）信息管理制度创新

网络经济时代企业管理的重要任务是处理信息，因此，信息管理制度的创新就显得十分必要。企业的信息化主要体现在计算机软件和硬件技术在企业生产、经营过程中的广泛应用，所以，企业制定和完善相关的信息管理制度是必然的要求。信息管理制度创新包括制定计算机软件和硬件的培训制度、采购制度、使用制度和维护制度，并制定相应的处罚措施和激励政策来保证相应制度的贯彻执行。企业要对企业信息系统的各项管理制度，包括权限管理制度、安全管理制度、保密制度和维护制度等给予高度重视，尤其是对企业商业秘密和客户数据等重要信息要予以特别关注。

（二）激励制度创新

在网络经济模式下，企业激励员工的制度应主要以内在激励为主。根据美国学者弗雷德里克·赫茨伯格（Fredrick Herzberg）的"双因素理论"，激励因素分为保健因素和激励因素两种。保健因素是指能满足职工生存、安全和社交需要的因素，其作用是消除不满，但不会产生满意。这类因素包括工资、奖金、福利和人际关系等，均属于创造工作环境方面，也称为外在激励。而激励因素是指能够满足职工自尊和自我实现需要的因素，最具有激发力量，能使职工更积极地工作。这些因素常常是内在激励因素，使员工从工作本身（而非工作环境）获得很大的满足感，如工作中充满乐趣和挑战；工作本身意义重大、崇高，激发出光荣感和自豪感；在工作中取得成就时的成就感和自我实现感；较多的升迁机会；健康上的特殊保护等。这一切所产生的工作动力深刻且持久。所以，企业在激励制度的创新上要多从内在激励因素上做文章。

---

① 吴清. 网络经济下企业与市场变迁[M]. 北京：知识产权出版社，2012.

（三）提高员工素质制度创新

网络经济时代必然要求企业员工具有较高的技术和管理素质，而提高员工的素质不是一朝一夕能做到的。只有企业鼓励员工不断地学习，员工才能适应新的需要。所以，企业必须为员工提供良好的学习条件，如专业上的再教育和培训等，并力争使企业成为"学习型组织"，形成优良的学习氛围，鼓励员工在学习中成长和进步，从而使企业的可持续发展得到充分的保障。

第五节 文化创新

在人类社会迈向网络经济的进程中，文化较以往任何时候都更为丰富和开放，更加相互影响和相互渗透，同时文化与经济的联系也更为紧密，文化对社会经济发展的影响也更显重要。就企业而言，不同的企业文化会形成不同的企业环境，塑造不同的企业形象，树立不同的企业价值观念。良好的企业文化是一种强大的凝聚力和向心力，能调动员工的积极性和创造性，使企业得以长远发展。所以，面对网络经济的挑战，企业要积极地进行文化创新，塑造网络经济时代的企业文化。

一、企业文化的含义

企业文化是企业全体职工在长期的生产经营活动中培育形成并共同遵循的最高目标、价值标准、基本信念和行为规范。一般认为，企业文化由三个紧密联系、不可分割的层次构成，即精神层、制度层和物质层。

精神层是指企业的管理者和员工共同遵守的基本信念、价值标准和职业道德等，是企业文化的核心，包括企业精神、企业最高目标、企业经营哲学、企业风气、企业道德和企业宗旨六个方面。这六个方面角度不同，各有侧重，互有交叉，本质统一。

制度层是指对企业职工和企业组织行为产生规范性和约束性的部分，主要是指应当遵循的行为准则和风俗习惯。它是企业文化的中间层次，包括一般制度、特殊制度和企业风俗等。

物质层是企业文化的表层部分，是精神层的载体，常常能折射出企业的经营思想、经营管理哲学、工作作风和审美意识等，主要包括企业标志、标准字、标准色、厂容、厂貌，产品的特色、式样、品质、包装等，厂服、厂旗、厂徽、厂歌等，企业的纪念品，企业的文化传播（如报纸、刊物、广播电视、宣传栏、广告牌和企业的造型）等。

二、企业文化与企业竞争力

在一般情况下，企业文化具有导向、约束、凝聚和激励的功能。导向功能是指企业文化对企业整体和每一位员工的价值取向和行为取向所起的引导作用。约束功能是指企业文化对每个员工的思想和行为具有约束和规范的作用。凝聚功能是指企业文化的价值观一旦被员工认同之后，就会成为一种黏合剂，从各方面把员工团结起来，形成巨大的向心力和凝聚力。激励功能是指企业文化能使企业员工产生一种情绪高昂、奋发进取的力量。辐射功能是指企业文化不仅在企业内部起作用，也通过各种渠道对社会产生影响。

可见，具有良好文化的企业能凝聚起所有员工的积极性和创造性，使企业的竞争力得以提高，促进企业的长远发展。

三、网络经济时代企业文化的新内容

（一）以人为本

网络经济时代是以人为本的时代，企业文化的发展必须符合这一时代要求。在网络时代，"知识资本"作为一种新的决定因素，其重要性正变得越来越突出，这导致一个现象出现，即企业的核心竞争力从资金转向了人才。企业除了要为员工创造良好的发展空间、不断改善工作环境之外，还要实施股票期权制度，保障每一位员工都真正能从企业的发展中获益，同时这也是把企业的发展与个人的发展融为一体的重要动力。企业要努力培育"共同发展"的价值观，使企业全体员工增强主人翁意识，能与企业同呼吸、同成长、同发展、共生死，做到企业精神和企业价值观的人格化，实现"人企合一"。企业的服务目标就是尽最大努力满足人的需求，或者说要帮助人类摆脱自然和社会对人的束缚，使人获得真正的自由。因此，企业文化发展首要的一条就是符合共同发展的要求。

（二）符合虚拟经济的要求

网络经济是虚拟经济，虚拟化可以从个人到组织多角度进行。虚拟的形式有虚拟商品或服务、虚拟工作或远程工作、虚拟办公室、虚拟小组、虚拟机构和虚拟社区。这对传统思维是一个挑战。这些变化要求企业文化必须能适应虚拟的要求。企业文化要使每个成员有高度积极性、自律性和强烈的责任感。这样个体才能在提供商品或服务时追求尽善尽美，才能积极参与虚拟组织的活动，才能在没有露面的情况下意识到自己存在的价值，并尽量发挥自己的能力去追求虚拟组织的集体目标。

（三）协作意识

信息网络使企业之间的竞争与合作的范围扩大了，也使竞争与合作之间的转化速度加快了。"今天，没有一家企业能单枪匹马创造未来。你必须寻找协同竞争的领域，在竞争中合作，在合作中竞争。今日的市场环境需求日新月异，追求个性化，企业间竞争异常激烈。对单个企业来说，面临如此复杂的市场，单靠一己之力是无法生存的。因此，不少学者和企业界人士提出要保持企业核心能力，加强企业间联盟来应对新的市场环境。这样的联盟是动态的，随着市场环境而变动。如何处理好企业间既竞争又合作的关系是关乎企业生死存亡的大事。企业内部也同样存在协作的问题。欲发挥 1+1>2 的管理作用，企业文化是不可或缺的。传统经济学的理论基础是博弈理论，强调个体的理性与均衡。现在的一些管理实践证明，在团队中，尤其是在环境不确定性很高的情况下，个体行为并不完全符合博弈理论的假设。此时，企业文化是个体理性和群体理性协调的保障。

（四）学习

网络是知识经济的基础。在网络经济模式下，企业应当做好知识管理，强调组织学习和个体学习。网络改变了知识的传播方式和传播速度，使组织学习能更好地进行。同时，在不确定的环境中，组织学习也是组织进化的途径。组织的首要目标便是生存，只有不断学习的组织才能在激烈竞争中有机会立于不败之地。因此，企业文化应当崇尚学习、崇尚改革，在学习中获得组织发展的动力，获得不断提升、超越自己的源泉，从而在不断创新的社会中生存下去。但与此同时，组织文化还要起一定的稳定作用，防止组织在学习过程中加速崩溃。

（五）创新意识

创新是组织存在的条件，是网络经济模式下企业文化的核心。没有创新的组织必是没有生气的。组织的创造性存在于混沌的边缘，企业文化只有能把企业推到混沌的边缘才能促进组织的创新。为此，企业文化必是能融合不同意见的。那种强调"千篇一律"的文化是不可能促进创造性发展的。同时，为了防止内部的矛盾使企业陷入混沌，企业文化还得有负反馈稳定作用，极端的事件（或用复杂性的术语说是"涨落"）可以存在但不能被放大。因此，企业文化应当是稳中求变的文化。

（六）绿色文化

绿色文化是文化发展到一定阶段提出的要求，是文化对环境的关注，对社会的关注，对未来的关注。环境问题是全人类普遍关注的问题，也是一个不容忽视的问题。未来文化必定朝绿色文化方向发展。企业文化在强调个体生存的同时，必须有强烈的环境意识。这里的环境不仅包括自然环境，还包括社会环境，是人类赖以生存的环境。生态文化是一种新型的管理理论，包括生态环境、生态伦理和生态道德，是人对解决人与自然关系问题的思想观点和心理的总和。生态文化属于生态科学，主要研究人与自然的关系，体现的是生态精神。而企业文化则属于管理科学，主要研究人与人的关系，体现的是人文精神。但是，在本质上，二者都属于一种发展观，运用系统观点和系统思维方法，从整体出发进行研究；都强调科学精神，即实事求是，努力认真地探索；从狭义角度来看，都是观念形态文化和心理文化，而且都以文化为引导手段，以持续发展为目标。并且，企业文化发展的诸多方面，需要以生态文化来与之相结合。

（七）兼容性与个性

网络经济促进了经济的全球化。经济全球化突出了企业文化兼容性的要求。在网络经济模式下企业间的联合、兼并更加频繁。联合或兼并不是企业的灭亡，而是企业新的生存方式。个性鲜明的企业文化是企业脱颖而出的条件，但只有兼收并蓄的文化才能把企业作大。正如中国一句谚语"海纳百川，有容乃大"。正如人之所以为人，其属性是一样的；企业之所以为企业，其属性也是一样的。既然属性一样，则企业经营的总体原则也是一样的，不论此企业在何方，更何况现在"企业是世界的企业"。

目前进行的企业文化建设，就广义上来说，是一种新的经济体制下的新的实践，是企业管理科学的新学科。如何进行新的实践探索，如何进行新的理论思考，是极为重要的。企业是社会的最基本的经济组织，企业经营的目标是通过实现经济效益的最大化，从而实现企业成员经济效益的最大化及自身价值的最充分实现。企业文化的建设具有共性，即企业文化建设的出发点是给企业提供实现其目标的土壤。企业文化建设主要侧重在企业员工的思想观念、思维方式、行为规范和行为方式等方面。同时，不同的企业处于不同的内部和外部环境中，不同企业文化的特征并不相同。例如，有的企业注重市场的开拓，有的注重产品的创新，有的企业注重售后服务，有的企业注重经营绩效，有的企业注重竞争意识，还有的企业注重团结合作。不同的国家、民族，以及不同的文化背景、思维方式和经营理念会产生不同的行为规范和行为方式，尤其在网络经济社会，组织的概念是以全球为背景，以个体超越空间距离的活动连接成的跨国的巨型企业。因此，企业文化建设不能"千篇一律"，而是应该根据自己企业的特点、自己企业的经营环境，进行具体的设计定位。①

四、网络经济时代企业文化的核心

人类探索未知事物的强烈欲望是推动创新的永恒动力。人类对未知的探索包括两个层面，第一个层面是对客观事物的辨认，从对身边的植物是不是可食用开始，到对100亿光年之外的天体是不是类星体，绵延千万年并将一直延续下去。第二个层面是对因果关系的探索，从古人的"础润而雨"到最先进的数字化生存，都是对事物因果的认识的成果。这里要特别强调的是，在对某一种事物的辨认中可能发现新事物；在对某一事物有了一种解释之后，可能引发对这一事物原有解释的质疑或否定，从而启动探索的没有尽头的长链；没有功利目的的探索可以转变为有功利目的的创新。市场是推动创新的动力，人们在市场活动中对利润的追求的后果是竞争，竞争是创新的直接动力。企业要在现实的市场需求中不断创新，在潜在的市场中通过创新来获取利润，依靠创新抢占未来的超前的市场。

在网络经济环境中，员工之所以不同于其他传统的员工，在于他们是通过将创造性思维转化为行为而达到"资本增值"的目的的，因而他们对新事物和新知识有着本能的强烈的创造欲望。他们利用自己的智力，通过不断进行产品管理和服务创新，为个人和企业赢得发展。在知识技术全球化创新的今天，劳动的价值更多地体现在智力劳动和创造性劳动上，创造性成为知识产业员工的主要特征。在信息社会中，一个最好的技术研发人员利用

---

① 潘虹呈. 网络经济时代文化企业管理创新初探[J]. 出版广角，2017(24)：40-42.

网络能够比一个普通人员多做出500%甚至更多的工作。

随着以知识产业为支柱的知识经济时代的到来，在知识产业内部，知识型人力资源的地位变得尤为突出，人才争夺成为企业竞争的焦点。网络经济作为知识经济时代的支柱，是以脑力劳动和智力型服务为基础的。而其核心是知识型人才被推到生产力诸要素的首位。因而，网络经济对员工的有效管理就是最大限度地激发他们的创造性和利用网络进行宏观经济活动的能力，这便是网络经济社会企业文化再造的核心。

五、网络经济时代企业文化构建的载体和途径

企业文化不是无源之水、无本之木，它必需通过一定的物质实体和手段，在生产经营实践中表现出来。这种物质实体和手段，就可以称为企业文化的载体。企业文化载体是企业文化的表层现象，它不等于企业文化。企业文化载体在企业文化建设中具有举足轻重的作用，优秀的企业文化必有很好的企业文化载体，它们会给企业带来很好的经济和社会效益。有时候，对一些企业来说，企业文化建设即使不那么深入，但如果进行好了企业文化载体建设，企业也会获得很好的经济效益和社会效益。这是因为，一方面，优秀的企业文化和很好的企业文化载体都是要给企业员工树立一个思想和行为目标，增强企业凝聚力和战斗力，提高员工的生产积极性；另一方面，在企业的经营环境中树立和宣传了好的组织形象，为企业的生存创造了有利的条件。因此，在网络经济模式下，企业文化的建设不能忽视文化载体。

在网络经济模式下，企业文化构建的载体和途径是网络。在过去的几年中，以网络为依托的经济有了很大的发展。随着安全技术的不断完善，互联网上的电子商务市场将发展成为全世界最广、最深厚、最快捷和最安全的市场，在互联网上实现的购物和服务交易额将不低于10 000亿美元。

在网络经济模式下，企业的活动越来越多地放到互联网上进行。随着网络经济的进一步深化，迅猛发展的电子商务正在或将要改变许多人的日常生活和工作模式。网络对企业的影响突出表现在以下四个方面：

（一）运作速度更加迅捷

网络的响应速度是衡量一个ISP商服务质量的重要参数，互联网上的信息检索和电子交易同样需要迅速的反应。借助于日益发展、完善的信息网络环境平台，电子商务需求的迅猛发展更是如虎添翼，动作更迅捷，业务交往呈现个人化，消费者通过网络平台购物、多方面的用途正是电子商务的发展趋势。

（二）业务交往个人化

随着消费者需求的日益多样化，如何满足消费者的个性化需求是现代企业面临的一个重要课题，同时也是一个非常棘手的问题。这种快速变化着的需求对企业的生产流程提出了严峻的挑战，它要求企业的生产流程要有足够的柔性。电子商务能较好地解决这一问题，

因为电子商务的企业与客户间的部分正迎合了这一点。

（三）电子购物向纵深发展

设想一下，消费者在家里足不出户便可将想要的东西买回来，是不是相当方便？电子商务提供了一种在家购物的可能。只需一个商家认可的电子资金账号，便可让消费者从众多的网络商店中挑选令其满意的任何东西，而无须东奔西跑。

电子商务系统与传统的交易系统相比，在购物渠道方面具有显著不同的特点。浏览传统交易购物渠道常常意味着经常在大范围的、不相关联的商店中摸索，或者通过"商品清单信息表"搜索；而在现代电子商务系统中，商店无处不在且彼此关联，具有交互性、智能化特征。同时，现代电子商务市场把有关产品和服务的信息紧密集成，帮助消费者在不同的商店之间进行比较，以选取最具诱惑力的商品。

（四）支持企业全过程

从辨别用户需求到企业内部产品研制、生产、检验、营销、用户发送订单、跟踪运送情况、接收票据、更新数据、用户调查，再到企业产品开发、改进，电子商务可以支持这一全部过程。并且，电子商务使得企业离市场更近。

在这种情况下，传统的企业文化载体的作用将受到挑战。传统企业文化的载体种类繁多，可谓五花八门。如企业的文化室、俱乐部、电影院、图书馆、各种协会、研究会、企业刊物和企业服等，都是企业文化的载体。还有另一种企业文化载体，如厂庆活动、文体活动、文艺晚会、军训、广播操和表彰会等。在网络经济模式下，这些活动或被赋予新的形式，或被其他的新形式所取代，这些新形式都是通过网络这个载体和途径实现的。因此，网络经济中企业文化的载体和途径是网络。

第七章 网络经济下的市场运行

第一节 网络经济下的市场运行基础

网络经济作为宏观性质的社会化经济运行模式,它的产生、运行和发展需要有广泛且坚实的经济基础和社会基础。在研究网络经济体系结构时,不仅要注意其主体范畴和主导领域的分析,同时也需注重对于其基础构架的探讨。

一、网络经济运行的产业基础

基础性产业分两类:一类是传统基础产业,通常是指支持人们生产生活的交通、道路、码头、港口、通信、能源和水利等,它们是社会发展的重要基础。另一类就是新基础产业,即支持未来社会高质量发展、满足人们美好生活需要、支持新型智能产业发展的现代基础产业。

新基础产业可以从"硬、软、联"三个方面来进一步说明。"硬"指的是以5G通信、新材料、新能源和新交通等为代表的产业发展"硬基础";"软"指的是以大数据、人工智能和信息技术等为代表的产业发展"软基础";"联"指的是以工业互联网和智能物联网和智慧电网等为代表的"互联性基础产业"。

可以说,新基础产业已成为决定未来社会的生活、经济和产业竞争力的基础,对现行产业转型升级和未来新兴产业发展将起到重大的基础性支撑作用。

从长远来看,政府直接参与投资发展新基础产业,可以吸引民间资本投资,进而扩需求、增加就业、稳定增长,为经济社会高质量的发展、人民美好生活要求的满足、产业体系现代化的发展和国际竞争力的提升奠定了扎实基础。具体来看,推动新基础产业发展,可从以下三方面入手:

(一)5G通信

5G技术决定了新基础设施的集群状态和未来领先性。发展5G通信,既要在核心技术层面加大核心器件的研发,也要在基础设施层面继续加快推进5G基站建设。还要在应用层面着力推进5G与金融、贸易、工业互联网等智能应用场景的深度融合。

工业互联网的核心内涵是数字化、网络化、智能化。5G赋能工业互联网,将催生全新的工业生态体系，二者的融合必将推进制造业高质量发展。

（二）人工智能

人工智能是引领未来的战略性技术，全球主要国家和地区都把发展人工智能作为提升竞争力、推动经济增长的重大战略。人工智能的发展应重视与制造、金融、商贸和交通等领域的深度融合，打破传统企业与相关人工智能企业的合作壁垒，规范数据安全。

（三）大数据

大数据产业包括大数据技术产品研发、工业大数据、行业大数据、大数据产业主体、大数据安全保障和大数据应用等内容。从大数据产业链竞争态势来看，大数据产业链的局部环节竞争程度差异化明显。

总体来看，大数据能够提供海量数据资源，为生产和服务决策提供信息内容；5G技术能够提升信息传递速度，为数据传输提供技术支撑；人工智能主要是信息处理技术，为数据的分析处理提供更为成熟、科学的决策方案。

以上三个重要的新型基础性产业及产业链，构成了新基础产业的生态结构，赋能网络经济时代的高质量发展。我们不仅要在三个产业同时发力，还需要注意三个产业及其领域的协同创新和合作发展。如此，才能真正使之成为经济与社会、产业与民生高质量发展的新基础。

二、网络经济运行的商业基础

网络经济的主导产业是以信息技术为技术支撑的信息产业，主要包括电子信息产业，泛指包括软件、集成电路、新型元器件、通信产品、计算机与网络产品、数字视听产品、电子专用仪器设备和应用电子产品等在内的以产品制造为特征的新兴行业，以及公用信息平台运营业和基于公用信息平台的信息服务业等三大部分。信息产业本身具有的高倍增性、高渗透性和高带动性，为信息网络环境的建设和应用，以及传统产业信息化改造和结构升级提供了技术支撑和产品支持。网络经济时代具有显著特征，主要以知识为基础，形成了添加创意、应用知识的经济活动新核心。人们在网络经济时代，可以利用网络实现知识的搜集获取、处理加工和综合运用，同时融入自己独特创意，将其打造成新的经济产品设计。传统经济中的厂房、土地的重要资产地位正逐渐被知识所取代，资产的评估、经营、管理和组织方式也随之发生变革，坚持创新和"淘汰自己的产品"已经成为网络经济时代的企业生存法则。电子商务模式在网络经济环境下，发展的关键是电子商务模式的创新。

（一）网络经济模式下电子商务模式的突出特点

1. 多元化特点

企业在网络经济时代继续沿用过去的传统、单一的营销手段，势必无法顺应新经济时代发展的真实需求。企业要想在高效率、高质量快速发展的前提下，在合理范围内有效控制成本，则加大电子商务应用力度十分必要，这是企业经营模式多元化发展的必由之路。企业只有发挥电子商务应用的优势作用构建多元化经营模式，才能够顺利实现发展目标，获取更广阔的发展前景。例如，现代企业从应用电子商务角度出发，引入托管模式，有效且全面的记录所有产品的各项信息，可大大扩大企业产品在市场中的影响范围，引入先进网络技术构造成熟、健全的网络互动平台，给客户与企业提供畅通交流的沟通渠道，配合依托网络技术的售后服务新平台建设，更好的处理、解决客户的各项需求问题，进而提升企业良好形象和影响力，实现电子商务平台在企业多元化发展中的应用价值。

2. 合作性特点

目前，尽管我国电子商务事业在全新的网络经济发展环境下，面临着更多发展机遇，不过与此同时，愈加激烈的市场竞争也令电子商务模式发展与应用中接连出现众多问题。[①]在此形势下，不同企业在产品研发的创新和技术水平等方面存在差异性，这些差异促进了电子商务应用的合作模式应运而生，越来越多发展水平较低的企业积极学习、借鉴具有技术创新能力和超强管理能力的企业优势，带动了自身在研发产品方面的能力创新。具有技术创新能力和超强管理能力的企业在此过程中，也能够抓住合作机会扩展市场。基于合作特点下的电子商务模式，在运营时可切实针对各个环节的风险采取有效控制和监督。

（二）网络经济模式下电子商务模式的发展现状

1. 整体情况

整体上来看，在网络经济模式下我国电子商务模式发展呈现出良好态势，主要有以下几方面表现：

（1）去团购化现状。我国首个团购网站于2010年正式上线，此后大量商家抓住团购商机，相继发展了越来越多团购网站，并不断壮大了团购网站的规模，有力促进了电子商务行业的发展速度，对人们形成了新的网络消费刺激，掀起了网络团购的新风潮。不过，最近两年，我国网络团购数量明显走下滑趋势，各大电商行业的领军平台针对这种趋势发展了去团购化的电商模式，转移为提供优质服务的发展方向。例如，饿了么、美团已经从过去打团购价格持久战的模式，转移为竭诚为用户提供优质服务的模式，可结合客户提出的个性化需求提供相应的上门服务，由此获取客户满意和青睐。

（2）消费者的关注现状。人们的思想随着经济全球化进程加快发生了巨大转变，愈加高度关注电子商务模式提供的便捷条件，逐步整合了网购人群数量。电子商务作为一种新兴产业，在消费者的热切关注下迅速壮大，凭借其便捷性优势赢得了消费者的追捧和喜爱。在此过程中，实体经营店也受到了一定冲击影响。例如，淘宝的"双十一"、京东的6·18店庆日，这些大型电商平台的活动屡屡刷新网络交易额的历史记录，体现出了消费者对电子商务的关注和参与。

---

① 文勇.网络经济视角下中国电商企业竞争策略研究[J].湖北经济学院学报（人文社会科学版），2020（1）：57-60.

(3)网络支付深化现状。网上支付在网络经济环境中愈加趋于多样化发展,人们的移动支付需求在微信支付和支付宝支付等平台的支持下得到了更多便捷性,不断丰富了网络支付的实际运用场景,快速加大了网络支付覆盖面,市场上出现了越来越多新型的金融产品,不断深化网络支付模式,利用网络用户大数据的获取和分析处理,形成了网上征信新机制,促进了网络支付环境的净化、规范化和良性发展。①

(4)相关政策支持现状。电子商务作为经济建设的新动力,受到了消费者的关注和支持。数据显示,2018年我国网购用户数量已高达5.95亿,占总体网民规模的73.0%,其中手机网购用户比重逐渐增大,大大促进了我国物流及快递行业的发展。2019年上半年,中国快递业务量和总收入分别为277.6亿件和3396.7亿元。这些数据都反映出了电子商务模式在国家"互联网+"有关政策的实施和支持下,得到了广阔发展前景,并呈现"大众化"的手机网络消费趋势。

2. 具体问题

虽然,在网络经济模式下,我国电子商务模式发展现状一片大好;但不可否认,电子商务模式目前仍旧存在一些问题,主要包括以下几点:

(1)区域差距较大,发展失衡严重。受各地经济发展水平差距的影响,电子商务模式发展面临着越来越严重的失衡现象。

(2)基础设施不足,形成阻碍困境。基础设施是网络经济环境中电子商务模式的发展必备条件,然而,各地区的互联网普及建设情况和三方物流建设情况各异,互联网普及率较低的区域电子商务发展面临着较大阻碍。

(三)网络经济模式下电子商务模式的创新途径

1. 创新技术

电子商务的技术创新是电子商务模式创新的核心途径,以云计算技术、大数据技术创新为方向,推动电子商务模式进入全新的智能时代。企业重视大数据技术的创新应用,密切关注数据的价值和数据间密切关联性,整合数据后挖掘有价值、科学可行的电子商务新模式发展方向。此外,企业重视云计算技术的创新应用,借此加入国际性大型数据化服务体系建设中,凭借云计算技术自带的创新理念,给企业电子商务模式应用和可持续发展带来了源源不断的技术创新支撑。需要注意的是,电子商务的技术创新需要企业在此方面投入充足的资金,企业要从长远角度出发,一方面加大对内部技术研究创新的资金投入,另一方面学习引进其他企业电子商务基础创新的成功成果与实践应用经验。②与此同时,做好技术风险因素的全面防范,通过对有关工作人员进行教育培训,增强工作人员风险防范意识和能力,根据企业电子商务模式应用实际情况,规划并有序实施科学、合理的技术风险控制方案,采取加密保护措施,保障技术创新研究工作可以安全进行。

---

① 陈焕鑫.网络经济形态下团购电商平台消费者选择行为浅析[J].广西质量监督导报,2020(1):215.
② 蒋亚斐,耿文莉.网络经济环境下电商企业发展策略分析[J].科技经济市场,2018(12):159-160.

2. 创新运营

企业从加大电子商务平台建设视域出发，实现企业运营的创新目标，在具体实践中可从以下三方面入手：首先，创新电子商务服务平台运营，利用与信息、物流的整合，创新企业组织形式，使其可以更加多样化发展，从而发挥出对企业经营与长久发展的促进作用；其次，创新电子商务销售平台运营，采取"店中店"的方式实现企业电商发展平台化目标，运用第三方商家的招揽方式，通过企业电子商务平台商家增多吸引消费者眼球，进而促进销售面扩大，让企业从中获取资金效益；最后，创新电子商务宣传平台，借助抖音短视频、微博等新渠道，加大对企业电子商务平台产品信息的宣传力度，让消费者可以在刷抖音、刷微博时不自觉被企业产品信息的宣传所吸引，进而促进消费交易达成，丰富消费者在企业产品了解和消费过程中的体验感受。①

值得注意的是，企业电子商务模式的运营创新，要以不断挖掘和扩展全新客源为主要目标，这就需要企业坚持以人为本理念，从消费者角度出发，在运营创新中给消费者提供更好的电商平台运营服务，全力满足潜在消费者的需求。

3. 创新建设

5G时代的到来给企业电子商务模式的创新建设提出了新要求，也指明了新方向。我国作为国际5G技术研究和应用的领军者，在大力推动电子商务模式建设中，要牢牢把握5G建设方面的显著优势，从电子商务信息化服务建设入手，利用5G网络的建设和普及，将移动电子商务的发展和物流管理、销售终端服务紧密结合到一起，使企业和用户更加便捷地掌握物流信息，进一步增强物流方向查询的实时性②。

当然，电子商务模式在5G时代和网络经济时代的创新建设，仅靠企业和几大领军电商平台还是难以实现的，政府有关部门要发挥自身作用，在政策方面给予其更多支持，缩短区域经济差距，促进各地5G网络普及和三方物流普及，同时发挥监管作用，不断健全电子商务监管体系，出台相应法律法规和政策文件，解决电子商务模式运用中的各种漏洞问题，为电子商务的创新建设提供良好基础条件。

三、网络经济运行的社会基础

网络经济是指以信息网络为基础平台，以信息技术与信息资源的应用为特征，以信息和知识起重大作用的经济活动。由于网络经济与传统经济形态有较大的差异，因此网络经济有其独特的运行环境。

（一）信息网络环境

网络经济运行的信息网络环境包括基于信息技术构建的互联网络及数据库系统的建设和应用，其中互联网络为网络经济运行中的信息流、资金流和物流信息的传输提供了一条

---

① 陈子闻.电子商务环境下网络营销模式创新探究[J].现代经济信息，2020(6)：159，161.
② 汝子报.新媒体时代的电子商务创新发展研究[J].金融与经济，2020(4)：98.

广域性、高速度和交互性的信息高速公路,数据库则为网络经济运行提供了丰富的共享性信息资源。根据罗伯特·梅特卡夫（Robert Metcalfe）"网络的价值等于网络节点数的平方"的规则,信息网络的增值在于网络应用的扩张。

（二）投融资环境

信息技术发展的显著特征是技术高速创新并快速产品化和产业化,因此在其发展的不同阶段,对资本的需求差异较大,需要不同的投融资渠道来实现。技术研发阶段研究难度大,投入大,难以产生效益,一般应由政府设立的专门基金或政府基金提供担保;成果转化阶段需要进行产品的反复试制和调试,成功和失败的可能性都极大,是一个高风险、高收益的阶段,符合风险投资的特征,其资本来源最适合风险资本;产业化阶段投资风险较小,收益按照产品生产周期波动,资金来源应以金融机构的贷款、上市公司的资本市场融资和企业利润等为主。

1. 信用环境

网络经济运行的信用环境应包括完善的国家信用制度（信用法律、信用条例、信用文化和信用执行机构）和信用运行机制（信用运行、信用经营、信用立法、信用执法和信用教育等子体系构成彼此交织的运行机制）。由于网络经济的全球化属性,经济行为经常发生在全球化市场上,首先,交易双方处于完全的"陌生人"状态,交易的实现必须以信用作为中介。其次,交易范围扩展导致交易成本上升,而成本的降低必须依靠现代信用关系的实现。最后,网络化运营手段的运用形成交易过程的虚拟化特征,虚拟环境中的信息流、资金流更易被改动和否认,由此大大增加了信用失范的可能性,需要良好的信用环境作为保障。

2. 物流环境

物流是指以满足客户需求为目的,为提高原料、制成品及相关信息从供应到消费的流动和储存效率,而对其进行的计划、执行和控制的过程,包括物流作业系统和物流信息系统。物流中的信息系统运行可通过计算机网络得以实现,作业系统则由各物流节点配合专业化的配送系统实现。

3. 制度环境

网络经济属于高度信息化和网络化的全球性经济形态,因此,网络经济运行的制度环境包括适应网络经济运行的全球性制度建设、各个国家相关制度的建立和完善,以及协调各国间因制度差异而形成的经济运行机制和经济行为的差异甚至冲突的相关制度。

第二节 网络经济下的市场供需

一、网络经济下的市场供给

市场供给是指在一定的时期内，在一定条件下，在一定的市场范围内，可提供给消费者的某种商品或劳务的总量。如前所述，市场供给能力分析的时间也应考虑整个项目寿命期，市场范围包括国内市场和国际市场。市场供给分析还可以分为实际的供给量和潜在的供给量，前者是指在预测时市场上的实际供给能力，后者是指在预测期（项目寿命期内）可能增加的供给能力，实际的供给量和潜在的供给量之和近似为市场供给量。

（一）影响因素

1. 产品价格

在其他条件不变的情况下，某种产品自身的价格及其供给的变动呈正方向变化。在其他条件一定时，如果产品的价格提高，就会增加企业的利益或利润，从而吸引企业去生产更多的产品，其他企业也会生产这种商品，使供给增加。反之，如果价格下降，就会使得企业的收益减少，供给也会减少。

2. 生产成本

在其他条件不变时，如果成本降低，意味着利润增加，则供给就会增加。反之，如果生产成本上升，则供给就会减少。

3. 生产技术

生产技术的进步或革新，意味着效率的提高或成本的下降，从而影响企业的利润。因此，技术水平在一定程度上决定着生产成本并影响供给。

4. 预期

生产者或销售者的价格预期往往会引起供给的变化。

5. 相关产品的价格。

相关产品的价格会影响企业的利润

6. 其他因素

包括生产要素的价格和国家政策等。

（二）国内供应量

产品的国内供给量主要取决于国内的生产能力。因此，调查供应量时，必须首先调查全国或在一定地区这项产品现有的生产能力。在调查中还应注意了解现有生产能力中是否还有一部分未加利用。如果有这种情况，则应了解其比例有多大，原因何在（如技术问题、原材料不足和需求下降等），在短期内有无扩大利用的可能。如果不考虑这些因素，就会低估供应量而高估市场需求不足和所需资料一般可由计划与统计部门、有关企业的主管部门与金融部门等单位提供，也可以对现有生产企业做一些实地调查，这些企业可以提供一些重要的第一手资料。企业掌握了供应量，就可以预测未来的供应量。预测未来的供应量非常重要。这是因为不少产品的需求量很大，供应量严重不足，是一项短线产品；但是，当很多地方都一拥而上生产这种产品时，情况就会很快发生变化，由短线产品变为长线产品。因此，在预测未来供应量时，企业要尽可能掌握较全面的资料和信息，以便正确估计形势。

（三）国外供应量

调查预测国外供应量不是指调查预测世界各国对这项产品的总供应量，而是指我国可能进口这项产品的数量。如果国内对这项产品的需求要依靠一部分进口来满足，企业就应向外贸部门了解进口量（应注意规格、型号及质量要求）和将来采取的进口政策。减少进口可为项目的产品开辟国内市场。反之，如果增加进口，就会使项目产品的国内市场缩小。根据经验可知，国外供应（即进口数）往往对产品市场产生很大影响。有的产品，原来国内和国外的供应都很少，显然是短线产品。但由于没有进行有效的控制，各地纷纷盲目进口，使得在项目投产后，产品销不出去。

2017年6月29日，在中国上市公司并购年会上，经济学家刘煜辉发表主题演讲：互联网经济的供给正在发生变革，从力度和规模上讲，远远超出人们过去对传统经济的一切的认知和经验。整个经济的资源要素和信用大量地向互联网、向科创的巨头进行聚合，那些在各个垂直领域不具备领导力、不具备统治力的中小市值公司，在一年之中市值跌了30%，分化很明显。大量的经济资源向顶层聚合的关键原因是这些巨头掌握了大量的用户数据，形成了强大的聚合能力。它们不断向新的模式转型，不断迭代新的业务，一切源于它们所拥有的强大的数据。目前流量分割已经结束，企业在未来要想重新获得流量，付出的成本是极大的。

经济学家表示，互联网经济的供给侧革命正在发生，特别是发生在互联网经济的这一轮行业整合中，它所表现出来的强者恒强、赢家通吃的这样一个趋势，从力度和规模上讲，远远超出人们过去对传统经济的一切的认知和经验。

二、网络经济下的市场需求

市场需求是指一定的顾客在一定的地区、一定的时间、一定的市场营销环境和一定的市场营销计划下对某种商品或服务愿意而且能够购买的数量。可见市场需求是消费者需求的总和，同时也是需求侧的管理或者改革的理论、实践的重要课题。

由于市场需求是从个人需求推导出来的，所以，市场需求量取决于决定个别买者需求量的因素。因此，市场需求量不仅取决于一种物品的价格，还取决于买者的收入、嗜好、预期，以及相关物品的价格。它也取决于买者的人数。

（一）影响需求的主要因素

1. 消费者偏好

在市场上，由于每个人的性格和爱好不同，即使收入相同的消费者对商品和服务的需求也不同。消费者的偏好支配着消费者在使用价值相同或相近的商品之间的消费选择。但是，人们的消费偏好不是固定不变的，而是在一系列因素的作用下慢慢变化的。

2. 个人收入

消费者收入一般是指一个社会的人均收入。收入的增减是影响需求的重要因素。一般来说，消费者的收入增加将引起需求的增加，反之亦然。但是，对某些产品来说，需求是随着消费者的收入的增加而下降的。随着经济的迅速增长，消费者的收入水平将不断提高，在供给不变或供给增长率低于收入增长率的情况下，一方面使得市场价格缓慢上升，另一方面也将引起商品的需求量的增加。

3. 产品价格

产品价格是指某种产品的自身价格。价格是影响需求的最重要因素。一般来说，价格和需求的变动呈反方向变化。

4. 替代品的价格

所谓替代品，是指使用价值相近，可以相互替代来满足人们统一需要的商品，如煤气和电力、石油和煤炭、公共交通和私人小汽车等。一般来说，在相互替代商品之间，如果某一种商品价格提高了，那么消费者就会把需求转向可以替代的商品上，从而使替代品的需求增加，被替代品的需求减少，反之亦然。

5. 互补品的价格

所谓互补品，是指使用在价值上必须相互补充才能满足人们的某种需要的商品，如汽车和汽油、家用电器和电等。在互补商品之间，如果其中一种商品价格上升，需求量降低，就会引起另一种商品的需求随之降低。

6. 预期

预期是人们对于某一经济活动未来的预测和判断。如果消费者的预期价格上涨，就会刺激消费者提前购买；如果消费者的预期价格下跌，许多消费者就会推迟购买。

7. 其他因素

其他因素包括商品的品种、质量、广告宣传、地理位置、季节、国家政策等。其中，影响需求最关键的因素是该商品本身的价格。

（二）需求规律

在一般情况下，需求和价格的变动呈反方向变化，即如果商品价格提高，则消费者对它的购买量就会减少，反之亦然。价格与需求量之间这种呈反方向变化的关系，就称为需求规律。之所以出现需求规律，是因为价格的变化具有两种效应：

第一种效应是收入效应。任何商品价格的下降都等同于实际收入的提高，消费者用同样的金钱可以买到更多的该商品。如果某种商品价格下降，则其购买量就会上升。

第二种效应是替代效应。在两种商品的组合中，当其中一种商品的价格下降时，消费者会增加对这种商品的购买而减少对另一种商品的购买，这使得某种商品价格的下降导致对其需求的增加。收入效应和替代效应的共同作用使得需求和价格呈反方向变化。

市场需求主要是估计市场规模的大小和产品潜在需求量，这种预测分析的操作步骤如下：

（1）确定目标市场。在市场总人口数中确定某一细分市场的目标市场总人数，此总人数是潜在顾客人数的最大极限，可用来计算未来或潜在的需求量。

（2）确定地理区域的目标市场。算出目标市场占总人口数的百分比，再将此百分比乘上地理区域的总人口数，就可以确定该区域目标市场数目的多寡。

（3）考虑消费限制条件。考虑产品是否有某些限制条件足以减少目标市场的数量。

（4）计算每位顾客平均每年的购买数量。根据购买率或购买习惯，即可算出每人每年的平均购买量。

（5）计算同类产品每年购买的总数量。区域内的顾客人数乘以每人每年平均购买的数量就可算出总购买数量。

（6）计算产品的平均价格。即利用一定的定价方法，算出产品的平均价格。

（7）计算购买的总金额。把同类产品每年购买的总数量，乘以产品平均价格，即可算出购买的总金额。

（8）计算企业的购买量。将企业的市场占有率乘以购买的总金额，再根据最近5年来和竞争者市场占有率的变动情况，做适当的调整，就可以求出企业的购买量。

（9）需要考虑的其他因素。例如，如果经济状况、人口变动、消费者偏好和生活方式等有所改变，则必须分析其对产品需求的影响。根据这些信息，客观地调查企业的购买量，即可合理地预测在总销售额和顾客人数中企业的潜在购买量。

（三）需求类型

市场需求是开展市场营销各项工作的根本。如果企业不能正确分析、把握市场需求，则会使市场营销工作迷失方向。根据需求水平、时间和性质的不同，可归纳出8种不同的需求类型。

1. 负需求

负需求是指绝大多数人对某个产品感到厌恶，甚至愿意出钱回避它的一种需求状况。在负需求情况下，企业应分析市场为什么不喜欢这种产品，是否可以通过产品的重新设计、降低价格等积极营销方案来改变市场的信念和态度，将负需求转变为正需求。

2. 无需求

无需求是指目标市场对产品毫无兴趣或漠不关心的一种需求状况。通常，市场对产品无需求由下列原因引起：①人们一般认为该产品是对个人无价值的东西。②人们一般认为该产品有价值，但其在特定的市场是无价值的东西。③新产品或人们不熟悉的物品等。当市场无需求时，企业应刺激市场营销，即通过大力促销及其他市场营销措施，努力将产品所能提供利益与人的自然需要和兴趣联合起来。

3. 潜伏需求

潜伏需求是指相当一部分消费者对某物有强烈的需求，而现有产品或服务又无法满足的一种需求状况。在潜伏需求状况下，企业的主要工作是开发市场，进行市场营销，即开展市场营销研究和潜在的市场范围测量，进而开发有效的物品和服务来满足这些需求，将潜伏需求变为现实需求。

4. 下降需求

下降需求是指市场对一个产品或几个产品的需求呈下降趋势的一种需求状况。在一般情况下，需求天生就存在需求向下倾斜的规律，即当一种物品的价格上升时（同时其他条件不变），它的需求量就减少。或者，换句话说，如果市场上一种物品投入市场的数量多，那么其他条件相等当时，它就只能以较低的价格出售。因此，很明显，需求向下规律所以正确的第一个重要原因是时较低的价格带来新的购买者。

第二个同样重要的原因却并不如此明显。每一次价格的降低，可以诱使该物品的每一个购买者购买更多数量的物品；换句话说，价格的上升会使购买者购买物品的数量减少。同时，当价格上升时，自然会减少在大多数一般物品上的消费。[①] 在需求下降时，企业的主要工作为重振市场营销，即分析衰退的原因，进而开拓新的目标市场，改进产品特点和外观，或采用更有效的沟通手段来重新刺激市场需求，使老产品开始新的生命周期，并通过创造性的产品再营销来扭转需求下降的趋势。

5. 不规则需求

不规则需求是指某些物品或服务的市场需求在一年不同季节，或在一周不同的日子，甚至在一天的不同时间产生很大波动的一种需求状况。在不规则需求下，企业的工作是协调市场营销，即通过灵活的定价、大力促销及其他刺激手段来改变需求的时间模式，使物品或服务的市场供给与需求在时间上协调一致。

6. 充分需求

充分需求是指某个物品或服务的目前的需求水平和时间等于预期的需求水平和时间的一种需求状况。这是对企业来说最理想的一种需求状况。但是，在动态市场上，消费者偏好会不断发生变化，竞争也会日益激烈。因此，在充分需求下，企业应做好维持市场营销的工作，即努力保持产品质量，经常测量消费者的满意程度，通过降低成本来保持合理的价格，并激励推销人员和经销商大力推销，千方百计维持目前的需求水平。

7. 过量需求

过量需求是指市场需求超过了企业所能供给或所供给的水平的一种需求状况。在过量需求下，企业应降低市场营销，即通过提高价格、合理分销产品、减少服务和促销等措施，

---

① 萨缪尔森. 经济学 [M]. 北京：商务印书馆，1988.

暂时或永久地降低市场需求水平，或者是设法降低来自盈利较少或服务需要不大的市场的需求水平。需要强调的是，降低市场营销并不是杜绝需求，而是降低需求水平。

8.有害需求

有害需求是指市场对某些有害物品或服务的需求。针对有害需求，企业应做好反市场营销工作，即劝说喜欢有害产品或服务的消费者放弃这种爱好和需求，大力宣传有害产品或服务的严重危害性，大幅度提高价格，停止生产供应等。降低市场营销和反市场营销的区别在于：前者是采取措施减少需求，后者是采取措施消灭需求。

（四）网络经济下的市场需求变化

随着数字用户规模的不断扩大和用户活跃度的稳步提升，中国网络经济发展步入快车道。2020年第一季度，中国数字用户规模高达10.23亿，其中，日均活跃用户规模达到8.93亿。网络经济的快速升级带动了线上产业向居民生活的更深度渗透，以及传统产业的加速数字化转型，这给数字营销产业带来了巨大的机遇空间。一方面，用户人均单日活跃时长超7小时，人均单日启动次数超62次，数字用户时长红利未见顶，用户黏性仍在保持增长。另一方面，数字用户向30岁以下和40岁以上两端年龄分布延伸，不同用户群体相互交叠中出现更多圈层化渠道。另外，用户向高线级城市流动放缓，而以乡镇农村为代表的低线级城市及其他用户占比提高，加速了下沉渠道的拓展。

目前，中国社会化媒体市场主要由"社交网络、即时通信、短视频、信息流资讯"四大核心行业构成。报告显示，社交网络、即时通信依旧占据市场领军地位，但随着营销环境的变化，市场重新洗牌、短视频、信息流资讯行业凭借强大的产品迭代力和服务创新力，快速争夺用户和市场空间。

为了在竞争中脱颖而出，社交化和内容化成为头部应用们挖掘新增长曲线的重要手段，于是，社交媒体和内容媒体的明确界限被打破。社交媒体和内容媒体逐渐出现多元融合趋势，进一步带动了社会化媒体市场版图的扩张。

纵观社会化媒体市场全新版图，各大社会化媒体平台特征发生了明显变化。其中，最为显著的便是社会化媒体平台更高效、更持续的影响品牌与用户之间的连接。社会化媒体平台自带强烈的内容互动属性，KOL、KOC、普通用户共同参与塑造的内容生态更是让社会化媒体平台成为不同层级用户互动交流的载体。以内容驱动的营销传播，借助社会化媒体平台多元内容承载形式、矩阵式传播节点、公域私域联动达成，以不同角色背景在营销各环节帮助实现品牌与用户之间多触点、高频、多形态的互动，使得品牌与用户之间不再单向线性连接。

除了社会化媒体平台特征的变化，社会化媒体平台的投放格局也发生了变化。2019年微博、微信的投放量虽然有所下滑，但依然是当前社会化媒体营销的核心阵地。此外，小红书、抖音、快手、淘宝直播等新阵地爆发式增长，品牌未来社会化媒体投放平台的选择将变得更加矩阵化、多元化。

三、网络经济下的市场均衡

市场均衡是供给与需求平衡的市场状态。在影响需求和供给的其他因素都给定不变的条件下,市场均衡由需求曲线和供给曲线的交点所决定。此时商品价格达到这样一种水平,使得消费者愿意购买的数量等于生产者愿意供给的数量。在这种状态下,买者和卖者都不再希望改变当时的价格和买卖的数量。市场处于均衡状态时的价格称为均衡价格,与均衡价格相对应的成交数量称为均衡交易量(或均衡产量、均衡销量)。

均衡是经济学家从物理学借鉴而来并发展出来的一个概念。在经济学中,均衡最直接的含义被看成是"力量的平衡",或者用来表示没有内在"变革倾向"的一种状态。所以,均衡最一般的意义是指经济体系中一个特定的经济单位或者经济变量在一系列经济力量的相互制约下所达到的一种相对静止并保持不变的状态。与物体的运动一样,经济体系中一个特定经济单位同样受到来自不同方向的各种经济力量的制约。当作用于这一经济单位的各种力量相互抵消时,表明有关各方的愿望得到了充分协调,导致经济单位失去了进一步变动的动力,处于一种稳定的状态。在这里,均衡不仅仅表现为一种特定状态,同时也给出了经济单位运动的倾向性结果。因此,经济学研究往往通过寻找趋于静止的均衡状态,以揭示经济事物或经济变量实现均衡的条件和相应的变化规律。

市场供求均衡是均衡分析的一个重要事例。在单一商品或者服务的市场上,需求和供给是决定市场价格的两种相互对立的经济力量,买者希望价格降低,而卖者希望得到更高的价格。如果前者的力量大于后者,那么价格就具有下降趋势;相反,如果后者的力量大于前者,那么价格就趋于上升。因此,供求力量的相互作用使得一个市场处于均衡状态,市场价格就趋于不变。均衡是以决定系统的外在因素保持不变为条件的。如果系统的外在因素发生改变,那么原有均衡势必也会发生改变,系统会在新的条件下重新达到均衡。例如,消费者的需求发生变动,原有的市场均衡状态就会被打破,市场将会借助市场价格的波动,开始寻求新的均衡。①

(一)分类

1. 一般均衡和局部均衡

市场均衡分为一般均衡和局部均衡。一般均衡是指一个经济社会所有市场的供给和需求相等的一种状态。一般均衡的理论代表人物是瓦尔拉斯(Walras)。局部均衡是指单个市场或部分市场的供给和需求相等的一种状态,局部均衡理论的代表人物是马歇尔(Marshall)。

2. 市场类型

微观经济学中的市场被划分为四个类型:完全竞争、垄断竞争和寡头和垄断。后三个类型为不完全竞争。

---

① 高鸿业. 西方经济学[M]. 北京:高等教育出版社,2012.

3.市场及市场的架构

市场是各个经济单位产生经济关系进行交易的制度框架。行业是指为同一个商品市场和提供产品所有厂商的总体。微观经济学根据市场竞争程度来划分市场类型，影响市场竞争程度的因素主要有四点：①市场上厂商数目。②厂商之间各自提供产品的差别程度。③单个厂商对市场价格的控制程度。④厂商进入或退出一个行业的难易程度。

4.市场论

①完全市场上的均衡。②完全垄断市场上的均衡。③垄断市场上的均衡。④寡头市场上的均衡。

（二）均衡价格和均衡数量含义

消费者和生产者根据市场价格决定愿意并且能够购买或者能够提供的商品数量，带着各自的盘算，消费者与生产者一起进入市场，最终决定市场的均衡。

在一种商品或服务的市场上，市场需求和供给的相互作用使得市场趋向于均衡。如果价格太高，消费者愿意并且能够购买的数量相对于生产者愿意并且能够出售的数量不足，那么生产者就不能在该价格下销售所有的产出，市场价格就会降低；相反，如果价格太低，消费者的需求量相对于生产者的供给量过剩，那么消费者就不能购买到其想要（而且买得起）的数量，市场价格就会提高。当供求力量相抵时，市场价格倾向于保持不变，此时市场处于均衡状态如图7-1所示。

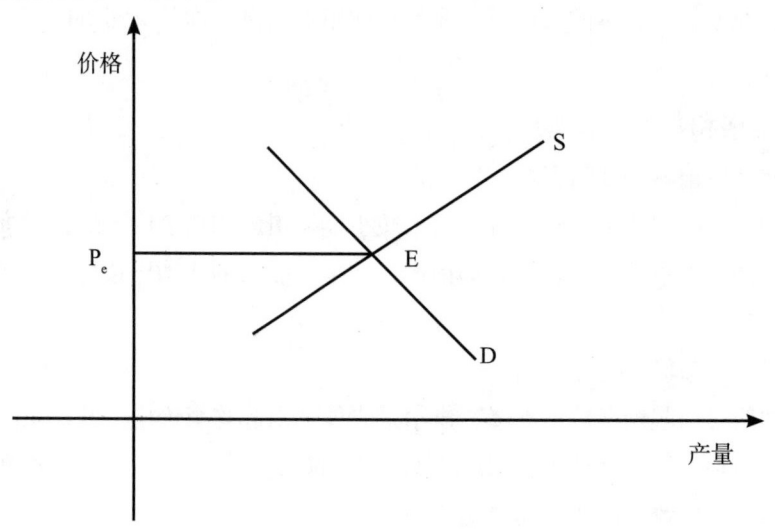

图7-1 价格与产量变动图

在图7-1中D线表示需求，S线表示供给线。我们把供求相等的点E定义为均衡点；把与E点相对应的价格水平定义为均衡价格（P_e），即供求平衡时的价格；把与E点相对应的产量定义为均衡价格P_e，即供求平衡的产量。

需求和供给相互作用决定均衡价格和均衡数量。市场均衡是指市场供给等于市场需求的一种状态。当一种商品的市场处于均衡状态时，其市场价格恰好使得该商品的市场需求量等于市场供给量,这一价格就是该商品的市场均衡价格。换句话说,市场处于均衡的条件是市场需求量等于市场供给量,此时的价格就是市场均衡价格。对应于均衡价格,供求相等的数量称为均衡数量。

1. 设市场价格 P1>Pe

如图 7-1 所示,此时,QS>QD,QD、QS 的距离为供大于求的产品数量,即过剩的产品的数量,如果此时市场是充分竞争的,则过剩产品的存在必然导致价格下降。随着价格下降,需求量扩大,供给量减少,最后达到 E 点。所以,价格的下降可以减少市场的产品积压,使供求保持平衡。

2. 设市场价格 P2>Pe

如图 7-1 所示,此时 QDQS 的距离即为短缺的量(供不应求)。此时,价格的上升可以扩大产量,同时抑制消费。所以,价格的上升可以清除市场上的短缺现象,从而使供求保持一致。

一种商品的均衡价格是市场上需求和供给两种相反力量共同作用的结果。当市场价格偏离均衡价格时,市场上会出现超额需求或者超额供给的不均衡价格和均衡数量。经济学把供求随价格变动而自动趋向均衡的情形看成是市场机制的自发调节。需要指出的是,在均衡价格下,一种商品的均衡数量只表明买卖双方意愿的交易量相等,并不是指买卖双方实际交易量相等,后者在任意价格下总是相等的。此外,市场均衡也需要一定的条件,如此,买卖双方可以在不花费成本的条件下,充分获取市场信息,而且交易可以瞬间进行,没有中间商囤积等。

(三)价格和数量的变动

1. 需求变动对市场均衡的影响

需求增加能够引起均衡价格上升,需求减少能够引起均衡价格下降;需求增加能够引起均衡产量增加,需求减产能够引起均衡产量减少。需求的变动导致均衡价格和均衡产量同方向变动。

2. 供给变动对市场均衡的影响

供给增加能够引起均衡价格下降,供给减少能够引起均衡价格上升;供给增加能够引起均衡产量的增加,供给减少能够引起均衡产量的减少。供给的变动导致均衡价格反方向变动,供给的变动导致均衡产量同方向变动。

3. 供求规律

影响商品供求关系的非价格因素的变动对价格和产量的影响称为供求定理。

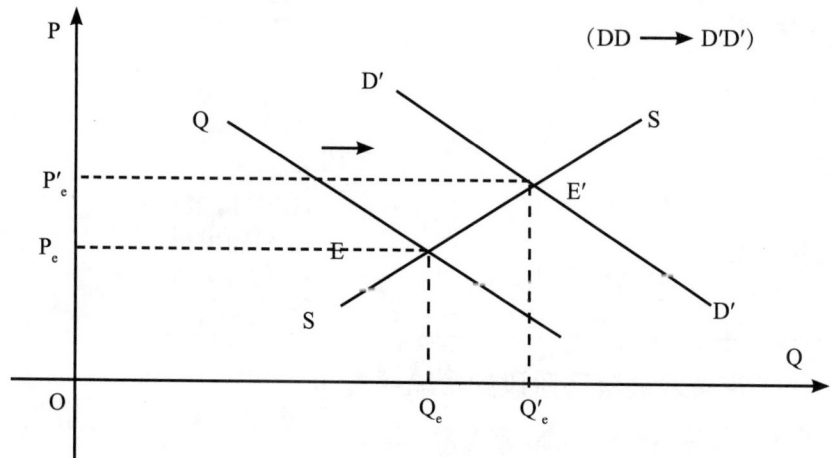

图 7-2 市场均衡与产量的变动图

在市场机制中,供给量和需求量随着价格变动而自发调整,市场趋于均衡。但是,市场均衡是一种相对稳定的状态,如果没有外在因素的变动,市场需求和市场供给就会保持不变,这种均衡状态也将维持下去。如果某些事件导致市场需求或供给发生变动,则意味着原有的市场均衡被打破,新的均衡又会在市场机制的作用下重新形成。相对于原有的均衡,新的均衡价格和均衡数量都会发生变动。

第三节 网络经济下的市场运行规律

一、网络经济的经济增长贡献

在不同经济增长水平下,电子商务发展对经济增长的作用不同,因此电子商务不同阶段的影响因素也是不同的。

(一)电子商务发展起步阶段

一般来说,在电子商务发展起步阶段,企业信息流、资金流和物资流等因素直接影响电子商务技术发展和市场应用的供求平衡的发展水平。工业化的发展水平决定了信息化的发展条件。

表 7-1 电子商务发展起步阶段经济增长基本要素

影响因素	隶属因素
核心因素	信息流需求 资金流需求 物资流需求
环境因素	国际竞争环境 社会政策法律 市场经济环境 政治人文环境 商务运行环境

（二）电子商务发展腾飞阶段的影响要素

1. 电子商务对经济增长贡献的决定要素

电子商务从起步开始，进入发展腾飞阶段，对经济增长的贡献是正方向的。这时，影响要素主要是电子商务系统内部的要素；同时，国家经济系统以外的要素也是非常重要的，如国际竞争环境、国家的市场经济开放程度，政治、人文和商务运行环境等都至关重要。由于这些要素的作用，电子商务的发展速度和效率会有很大差异。

表 7-2 电子商务经济增长贡献的决定要素

影响因素	隶属因素
内部因素	企业技术进步 金融电子化 网络设施建设 人才发展环境 组织结构与效率
外部因素	国际竞争环境 社会政策法律 市场经济环境 政治人文环境 商务运行环境

根据以上分析，应用加权方法进行总指标计算和分析，按照因素分析的基本方法进行评价。

2. 电子商务发展腾飞阶段的综合要素

综上所述，电子商务发展已经有许多年了，许多国家，包括我国在内，已经进入了腾飞阶段。根据我国实践经验，电子商务发展的市场、人才、技术、金融、国际和制度环境要素，都是现阶段的重要影响因素。归纳形成如下的统计指标。

表 7-3 电子商务发展腾飞阶段的综合要素

影响因素	隶属因素
市场要素	全球营业额 市场占有率 市场范围
人才要素	技术和管理人员素质 技术和管理人员数量 劳动力成本 劳动生产率
技术要素	网络设施条件 组织创新能力 科技成果转化 科技资金投入
金融要素	电子化货币 支付电子化 安全认证体系
国际要素	信息全球化 产业化积累 经济一体化 标准统一化
制度要素	经济体制 制度规范 法律规范化

指标的选择是指通过初步选择一系列指标，由若干专家对各项影响因素进行打分。值得注意的是，上述影响因素需要进一步细化为统计指标，通过模糊数学方法评价的方法确定电子商务对经济增长贡献的大小。有些影响因素指标化还有一定困难，是目前一直困扰着研究者的问题。因此，为了能够全面描述电子商务对经济增长的影响，通过对电子商务宏观经济增长的影响因素进行分析，将影响电子商务经济增长的因素进行了分类，并将其指标化，尽管有些内容进行测算时缺乏资料，但是研究者可以通过定性分析与定量分析结合的方法确定电子商务对宏观经济增长的作用。

二、网络经济的市场结构度量

从产业组织理论视角来看，市场是一些买者和卖者交换相仿产品的地方。市场结构是构成一定系统的诸要素之间的稳定联系方式。在产业组织理论中，产业的市场结构就是企业在市场中的联系方式。其内容包括：①卖方（企业）之间的关系。②买方（企业或消费者）之间的关系。③买卖双方的关系。④市场内已有的买方或卖方与正在进入或可能进入市场的买方或卖方之间的关系。由于绝大多数产业市场中买方的购买是分散进行的，导致买方资料难以被统计和被测量，因此产业组织理论主要研究卖方之间存在的关系，如在数量、规模、份额和利益分配等方面的关系和特征,市场结构度量以及由此决定的竞争形式。对一个产业市场来说,许多势力交织在一起便形成了市场结构。上述关系在现实市场中的综合反映就是市场的竞争和垄断关系。因此,也可以说,市场结构是一个反映市场竞争和垄断关系的概念。

本节主要介绍市场结构的度量及其影响因素等内容。卖方市场结构主要采用市场集中度指标进行度量,其中使用较多的指标是产业集中度和赫芬达尔·赫希曼指数。

第八章 网络经济下的企业治理

第一节 网络经济下的企业治理理论

一、合作竞争理论

合作竞争理论源于对竞争对抗性本身固有的缺点的认识和适应。在当今复杂的经营环境中,企业经营活动是一种特殊的博弈,是一种可以实现双赢的非零和博弈。企业的经营活动必须进行竞争,也有合作,提出了合作竞争的新理念。该理论是对网络经济时代企业如何创造价值和获取价值的新思维,强调合作的重要性,有效克服了传统企业战略过分强调竞争的弊端,为企业战略管理理论研究注入了崭新的思想。该理论利用博弈理论和方法来制定企业合作竞争战略,强调了战略制定的互动性和系统性,并通过大量的实际案例进行博弈策略分析,为企业战略管理研究提供了新的分析工具。

该理论的代表人物是耶鲁大学管理学教授拜瑞·内勒巴夫(Barry·J.Nalebuff)和哈佛大学企业管理学教授亚当·布兰登勃格,他们的代表作是与1996年二人合著出版的《合作竞争》。他们认为,企业经营活动是一种特殊的博弈,是一种可以实现双赢的非零和博弈。企业要以博弈思想分析各种商业互动关系,还要以与商业博弈活动所有参与者建立起公平合理的合作竞争关系为重点。

1997年,玛丽亚·本特松(Maria Bengtsson)和索伦·科克(Soren Kock)也将既包含竞争又包含合作的现象称为合作竞争,他们共同研究了企业网络的合作竞争;洛贝克(Loebbecke)等研究了基于合作竞争的知识转移及合作竞争组织间的知识分配理论;豪森(Hausken)研究了团队间的合作竞争,认为利益主体间的竞争有利于利益主体内部成员积极性的提高,其他利益主体内的合作竞争情况也影响该利益主体内部的合作竞争程度;马尔(Mar)等认为,合作中利益主体把其他利益群体的活动视为正外部条件,竞争中利益主体则将其他活动视为负外部条件;肯尼斯·普瑞斯(Kenneth Preiss)、史蒂文·L.高盛(Steven·L.Goldman)和罗杰·N.内格尔(Roger·N.Nagel)认为新型企业没有明确的界线划分,其作业过程、运行系统、操作和全体职工都应与顾客、供应商、合作伙伴和竞争对手相互作用并有机联系在一起,企业必须走出孤立交易的圈子,进入相互联合的王国,获取竞争优势。

麦肯锡高级咨询专家乔尔·列克（Joel Breck）和戴维·厄恩斯（David Ernes）认为，未来的企业将日益以合作而非单纯的竞争为依据，企业会把合作竞争视为企业长期的发展战略之一。

1. 合作竞争理论的逻辑思维

绘制价值链—确定所有商业博弈参与者的竞争合作关系—实施 PARTS 战略来改变博弈—分析和比较各种商业博弈结果—确定合作竞争战略—扩大商业机会、实现共赢。即首先将商业博弈绘制成一幅可视化的图——价值链，利用价值链定义所有的参与者，分析与竞争者、供应商、顾客和互补者的互动型关系，寻找合作和竞争的机会。在此基础上，对于商业博弈的五要素，即（参与者, Participators）、附加值（Added values）、规则（Rules）、战术（Tactics）、范围（Scope）简称 PARTS 中，通过改变其中的任何一个要素，形成多个不同的博弈，保证了"PARTS 不会失去任何机会"，并"不断产生新战略"；然后，分析和比较各种博弈的结果，确定适应商业环境的合作竞争战略。通过实施，最终实现扩大商业机会和共同发展的战略目标。

2. 基于合作竞争理论的战略起点

基于合作竞争理论的战略起点，是分析商业博弈活动参与者之间的互动关系。合作竞争理论提出了参与者价值链的新观念，利用价值链来描述所有的参与者的竞争合作的互动关系。价值链的思想强调了企业经营活动中同时竞争和合作两种行为。两者的结合意味着一种动态的关系，而不是"竞争"和"合作"的这两个词所单独的意思，有效克服了波特（Porter）经典竞争战略管理理论利用五个力量模型仅从竞争的角度来分析所有参与者竞争态势的弊端。

3. 基于合作竞争理论的战略目标

基于合作竞争理论的战略目标，是建立和保持与所有参与者的一种动态合作竞争关系，最终实现共赢局面。合作竞争理论提出了互补者的新概念，认为商业博弈的参与者除了竞争者、供应商和消费者外，还有互补者。强调了博弈的参与者之间的相互依存、互惠互利的关系，要创造价值，就要和消费者、供应商、雇员及其他人密切合作。这是开发新市场和扩大原有市场的途径。企业的生存和发展离不开其他组织的支持和合作，这是对经典竞争战略管理理论的完善和补充。

4. 基于合作竞争理论的战略制定过程

基于合作竞争理论的战略制定过程，被博弈思想所贯穿。该战略制作过程"从其他参与者的认知角度"来制定战略，克服了传统战略仅从企业本身的利益制定战略的弊端。同时，通过参与者、附加值、规则、战术和范围这五个杠杆对博弈行为和结果的作用分析，选择合适的战略，使企业战略更具有互动性、现实性和可行性。博弈思想是一种结合了合作和竞争思想的革命性战略思维，博弈的理论方法为网络竞争环境下企业战略管理研究提供了新的分析工具。

5. 基于合作竞争理论的战略

基于合作竞争理论的战略，是一种着眼于未来的动态战略。合作竞争理论认为，商业博弈是一种重复博弈，而且构成博弈的五要素会随时间而变化，从而改变每次博弈的行为和结果。因此，企业战略并非都是事先计划好的，而是一种不断调整和变化的动态战略，以适应商业博弈的改变。同时，在商业博弈中，"没有什么东西是固定的"，而且"充满活力，不断进化"，博弈五要素的变化带来了博弈的变化，不断创造着新的机会。因此，基于合作竞争的企业战略必须着眼于未来的博弈，才能把握住未来的机遇。

6. 合作竞争理论的不足

合作竞争理论也有明显的不足之处。

（1）从组织的有限理性出发考虑企业之间的合作竞争博弈关系，忽略了企业的社会性和复杂性对博弈的影响。

（2）仅研究了参与者两两之间的二元合作竞争关系，没有结合企业网络理论来研究合作竞争的网络关系。

（3）没有建立一套完整的合作竞争战略管理过程。

7. 合作竞争的要素

合作竞争是一种高层次的竞争。合作竞争并不是意味着消灭了竞争，而只是从企业自身发展的角度和社会资源优化配置的角度出发，促使企业间的关系发生新的调整，从单纯的对抗竞争走向了一定程度的合作。对于合作竞争成功的基本条件，已有很多学者进行了专项研究，其中比较典型是尼尔·瑞克曼（Neil Rackham）对大量实例进行研究后提出的合作竞争成功的三大要素，即贡献、亲密和远景。

（1）贡献。是指建立合作竞争关系后能够创造的具体有效的成果，即能够增加的实际生产力和价值。贡献是合作竞争成功要素中最根本的要素，是成功的合作竞争关系可以存在的原因。贡献主要来源于三个方面：①减少重复和浪费。②借助彼此的核心能力，并从中受益。③创造新机会。

（2）亲密。成功的合作竞争关系超越了一般的交易伙伴，具有一定的亲密程度，这种亲密是在传统的交易模式下不存在的。要建立这种亲密的关系，企业必须：①相互信任，相互信任是建立合作竞争关系的核心。②信息共享，促使信息和知识的快速流动，降低信息收集和交易成本。③建立有效的合作团队。

（3）远景。是建立合作竞争企业的导向系统，描绘了合作企业所要共同达到的目标和达到目标的方法，激发员工的工作热情和创造性，成为建立合作竞争关系企业的活力源泉。远景要能正确的发挥作用，必须能评估伙伴的潜能、发展伙伴关系、进行可行性分析等。

8. 合作竞争的效应

合作竞争是企业的长期发展战略，从组织的长远发展角度，通过企业自身资源、核心竞争力的整合，通过组织之间的合作和相互学习，进行产品、服务、技术和经营管理等各方面的创新，从而使企业形成持久的竞争优势。合作竞争有别于传统的零和博弈或负和博弈，它以实现合作竞争双方的共同利益为目标。同时，企业要建立成功的合作竞争关系，还要理性的选择合作伙伴，考察合作伙伴的资源优势、创造贡献的潜能，以及合作伙伴的长期战略、企业文化、价值观等，从而对合作伙伴进行有效的管理。

企业的合作竞争联合了若干企业的优势，共同开拓市场、参与市场竞争，增强了企业在市场上的竞争力。

1. 规模效应

合作竞争使企业实现了规模经济。①单个企业各自的相对优势在合作竞争的条件下得到了更大程度的发挥，降低了企业的单位成本。②合作使专业化和分工程度提高，对合作伙伴在零部件生产、成品组装、研发和营销等各个环节的优势进行了优化组合，放大了规模效应。③企业通过合作制定了行业技术标准，形成了格式系统，增强了网络的外部性。

2. 成本效应

合作竞争降低了企业的外部交易成本和内部组织成本。企业通过相关的契约，建立起稳定的交易关系，降低了因市场的不确定和频繁的交易而导致的较高的交易费用。同时，由于合作企业间要进行信息交流，实现沟通，从而缓解了信息不完全的问题，减少了信息费用。合作企业间的信息共享也有助于企业降低内部管理成本，提高组织效率。

3. 协同效应

同一类型的资源在不同企业中表现出很强的异质性，这就为企业资源互补和融合提出了要求。合作竞争扩大了企业的资源边界，企业不仅可以充分利用对方的异质性资源，而且可以提高本企业资源的利用效率。此外，合作竞争节约了企业在资源方面的投入，减少了企业的沉没成本，提高了企业战略的灵活性，通过双方资源和能力的互补，产生了 $1+1>2$ 的协同效应，使企业整体的竞争力得到了提升。

4. 创新效应

合作竞争使企业可以近距离的相互学习，从而有利于在合作企业间传播知识、创新知识和应用知识，同时也有利于企业将自身的能力与合作企业的能力相结合创造出新的能力。此外，合作组织整体的信息搜集、沟通成本较低，可以更加关注行业竞争对手的动向和产业发展动态、跟踪外部技术、管理创新等，为企业提供了新的思想和活力，大大增强了企业的创新能力和应对外部环境的能力。

二、契约治理理论

契约治理理论是要形成一种契约的自我实现机制。契约的自我实施来自对违约人进行惩罚。作为交易成本经济学的集大成者，威廉姆森（Williamson）丰富和发展了科斯（Coase）的思想，把交易作为组织分析的基本单位，从不同交易单位固有的特征出发，讨论交易成本约束下的契约性治理结构的最优选择。威廉姆森指出，不同交易单位固有的特征决定了不同交易活动组织的成本结构，也决定了选择不同治理结构的效率水平。

科斯只用交易费用对企业与市场的替代关系进行了分析，但是没有对交易本身和交易的类型进行深入的阐述。威廉姆森发展了科斯的交易费用理论，用契约成本来分析企业的交易类型，并在此基础上提出企业治理理论。

契约是交易双方为达成交易而事先签订的合约。契约的履行是有成本的，而契约的履行成本构成了交易费用的主要部分，因而也就决定了企业交易时对不同方式的选择。威廉姆森认为，人是有限理性的。因此，任何契约都是不完全的，存在着漏洞。人又是天生具有机会主义倾向的，当违约有可能给对方造成重大损失时，这个人就有可能以此来要挟对方，以谋求更大的利益，而这两点就会导致契约的履行困难。一般认为，这个问题可以依靠法律来解决。但威廉姆森认为，法庭同样也受有限理性和机会主义行为约束。因此，企业必须自己保护自己，通过一定的制度安排来防范机会主义行为，在不同类型的交易中采取不同的治理机制和方式。

威廉姆森认为，判断交易单位特征的维度有三个：资产专用性、不确定性和交易的频率。其中，不确定性和资产专用性是最重要的变量。在连续性交易中，资产的专用性往往在事后使交易转变为备选数目极小的双边垄断关系。在有限理性约束下，交易双方的机会主义倾向将会导致双边垄断条件下持续交易呈不确定性，造成交易活动的中断，从而使交易双方丧失专用性投资的潜在收益。

在上述分析中，威廉姆森强调交易的不确定性来源于交易单位所固有的特征，组织交易活动的频率决定于由交易单位的特征选择还是治理结构的过程。事实上，在威廉姆森看来，无论是交易单位的特征还是治理结构形式都是外生的。在本质上，交易成本的节约在于交易特征和治理结构的相互照应。

治理结构是要形成一种契约自我实现机制。契约的自我实施来自对违约人进行惩罚，惩罚包括两个方面：一是交易的中止造成的专用性资本的损失；二是交易者在市场上声誉贬值造成的损失。按照"理性契约人"假定，当中止契约时，如果违约人的损失大于收益时，则倾向于履行契约；而如果收益大于损失时，则倾向于不履行契约。显然，在不同的交易形式下，契约的自我实施机制的作用强度是不一样的。一般来说，自我实施机制的作用越强，越倾向于多边治理；反之，自我实现机制的作用越弱，越倾向于单边治理。[①]

三、网络治理理论

网络治理是指在企业治理中对于网络组织的治理。治理行为的主体是合作诸结点，客体是网络组织这一新型组织形式，治理过程是具有自组织特性的自我治理。网络组织要创造的结构或秩序不能由外部强加，网络治理发挥作用要靠多种进行统治的以及相互发生影响的行为者的互动。

传统的企业治理是基于股东与经营者之间委托代理关系的股东至上的单边治理模式，

---

① 韩耀. 网络经济学：基于新古典经济学框架的分析 [M]. 南京：南京大学出版社，2006：138-139.

企业的控制权属于股东，企业的经营目标是股东利益最大化。随着股权的分散、企业之间相互参股的增加、企业战略合作伙伴关系的发展以及人力资本等非财务资本对于企业经营的日益重要，产生了基于相关利益者利益的共同治理模式，强调各种利益相关者对企业治理的广泛参与。股东至上的治理模式体现一种追求效率的原则和目标，广泛关注利益相关者利益最大化的共同治理模式则更侧重于企业和社会整体的帕累托最优，强调企业与社会的同步协调发展，体现了一种追求公平的原则。在网络经济条件下，治理环境的变化使治理任务所依赖的路径发生改变，引发治理形式的渐变，形成了一种新的治理形式——网络治理。网络治理是正式或非正式的组织和个体通过经济合约的联结与社会关系的嵌入所构成的以企业制度安排为核心的参与者间的关系安排。

网络治理内容包括：①公司内部网络治理，即公司内部的股东、经理与员工之间等之间的关系安排。②公司外部网络治理，即公司与外部利益相关者通过正式契约和隐含契约所构成的组织模式中的关系安排。

（一）理论基础的趋同性

共同治理的理论基础是利益相关者理论。该理论认为，企业拥有包括股东、客户、员工、供应商、合作伙伴、社区、舆论影响者和其他人在内的利益相关者群体。所有利益相关者都是拥有专用性资本的主体，他们分别向企业提供自己的专用性资本。拥有企业专用性资本的利益相关者同时也成为企业的所有者，股东不是企业的唯一所有者。企业则是这些提供专用性资本的利益相关者缔结的一种合约，是治理和管理这些专用性资本的一种制度安排。企业的治理和管理应当平衡不同利益相关者的利益，各利益相关者应广泛参与公司的治理。这里的利益相关者是任何影响企业目标的实现或被实现企业目标所影响的集团或个人。利益相关者与企业之间的利益关系，可以是直接的也可以是间接的，可以是显性的也可以是潜在的。利益相关者与企业间是一种影响互动的关系。一方面，企业的行动、决策、政策会影响利益相关者的利益；另一方面，利益相关者也会影响企业的行动、决策和政策。

根据这种影响互动，可以将利益相关者分为四类：

（1）支持型的利益相关者。其特点是合作性强、威胁性低，包括股东、债权人、经营者、员工与顾客等。

（2）边缘性的利益相关者。其特点是对企业的威胁和与企业合作的可能性较低，包括雇员的职业联合会、消费者利益保护组织和未经组织起来的股东等。

（3）不支持型的利益相关者。其特点是对企业的潜在性威胁较高，而合作的可能性较低，如存在竞争关系的相关企业、工会和新闻媒体等。

（4）混合型的利益相关者。其特点是对企业的潜在性威胁和潜在性合作的可能性都较高，包括紧缺的雇员和客户。

（二）网络治理的理论基础是企业网络理论

1934年，美国社会心理学家莫雷诺（Moreno）运用社会计量学的方法对小群体进行实证研究奠定了网络研究的基础。经济学主要从以下两个视角来研究网络的存在性和网络的功能：

1. 把网络作为一种分析工具

"网络"概念最初被描绘成组织内部的非正式关系纽带，然后发展为一个表达组织环境是如何被构建起来的术语，最后又成为分析权力与治理关系的研究工具。

2. 把网络作为一种治理形式

把网络视为一种治理形式，实质是把它当作使单个主体整合为一个连贯体系的社会黏合剂，把网络与市场、科层等并列，视为一种独立的交易活动协调方式。把网络视为治理机制或合作机制离不开网络分析工具，而网络分析的最经典对象就是网络。在企业的网络分析中，不论是社会关系网络结构观、弱关系力量假设与社会资源理论，还是嵌入理论、社会资本理论，研究的都是人与人、组织与组织以及人与组织之间形成的关系网络。企业不是孤立的，会与许多关系主体发生各种交易行为。在由此形成的网络中如何协调各网络主体的利益，如何对企业内部资源和外部网络资源进行有效的组合，成为网络治理的主要内容。

利益相关者理论与企业网络理论虽然是两种不同的理论，但二者具有趋同性。在企业网络体系中，与企业相关的网络主体与企业及网络主体之间存在利益关系。从企业间网络看，企业间基于信任和合作的关系实质上是一种利益关系，通过合作、竞争、控股和集团等形式，借助正式或非正式的契约，获取各自的利益，这些企业是利益相关者。从企业内部网络看，经营者、内部员工和股东等网络主体与企业之间也是一种利益关系，通过建立内部科层组织结构，以保障各自的利益。因此，利益相关者理论与企业网络理论研究的都是同样的对象，即企业的利益相关者。

（三）治理目标的趋同性

共同治理的目标是合理平衡各利益相关者间的利益，实现利益相关者利益最大化，并以此来安排利益相关者在企业治理中的权力。按照权力制衡权力的逻辑，利益相关者为了维护自己的权利（利益），必然要借助一定的权力，通过行使相应的权力来实现自己的权利。因此，企业要在治理中根据自己权力的大小分配适应的权力。当企业行为或其他利益相关者侵害了自己的权利时，企业可以通过行使权力来保障自己的权利，以此参与企业治理。不仅于此，利益相关者对企业资本的投入要追求最大的回报，即利益相关者利益最大化。利益相关者利益最大化要求各利益相关者作为整体联盟，对投入企业的资本进行有效的整合，通过资本经营方式，实现资本运营的最佳效率和效果。这里的资本不但包括现有的利益相关者投入企业的现实资本，还包括潜在的利益相关者的潜在资本。

而网络治理的目标一方面是各网络主体利益的协调，另一方面是作为网络组织的企业内部资源与外部网络资源的整合。各网络主体利益的协调实质上就是企业各利益相关者之间的利益合理平衡，同样需要按制衡权力来分配各网络主体之间的权力。按照企业资源基础理论，企业的资源包括有形的资源和无形的资源，资源在企业之间是不可流动的且难以复制，这些独特的资源是企业持久竞争优势的价值。可以认为，所有能促进企业发展的因素都可以是企业的资源。虽然企业不能通过流动或复制来获取其他企业的内部资源，但可以借助企业间网络来利用网络中其他主体的内部资源。网络治理就是要通过参与企业间网络获取其他网络主体的资源，并将其与企业内部资源进行有效整合，提高经营效率和效果。现代企业的资本经营，就是通过资本的交易或使用追求资本增值的行为，是生产要素综合动力的总概括。企业所拥有的各种社会资源和各种生产要素都以资本的身份加入到经济活动中，通过流通、收购、兼并、重组、参股、控股、交易、转让和租赁等各种途径优化配置，进行有效经营，这是以最大限度实现增值目标的一种经营管理方式。这里的社会资源，既包括企业内部资源，也包括企业外部资源。

（四）共同治理目标与网络治理目标具有趋同性

可见，共同治理目标与网络治理目标具有趋同性，一是各利益主体之间的利益协调；二是各利益主体利益的最大化。即将各利益主体提供的资本要素综合利用，实现各利益主体综合利益最大化，再按照一定的利益分配机制权衡各利益主体的利益，保障各利益主体的个体利益。

（五）治理机制的趋同性

共同治理的机制主要是科层机制和协调合作机制。共同治理在很大程度上是关于股东和其他利益相关者在企业控制权配置上分权制衡，在企业经营上监督制约的问题。企业科层是指一组规范与法人财产相关各方的责、权、利的制度安排，包括股东、董事会、管理者和工人。或者说，它是企业内部不同权力机构之间的相互制衡关系。在科层中，生产和交易活动是在雇佣的背景下进行的。企业管理者居于核心地位，与其他有要素提供者签订要素契约，契约中所未规定的剩余则由企业管理者利用自己的权威处理。由于难以区分不同成员的贡献，因此要通过命令机制以及相应的激励约束机制来解决企业内部成员的矛盾并做出必要的行动。在共同治理中，各利益相关者与企业签订了详尽的契约，通过正式契约界定自己的权力，通过行使权力保障自己的利益。在企业内部通过正式组织制度，以行政命令进行生产和交易活动。同时，由于各利益相关者的权利有大小之分，以权利分配的企业控制权力也有强弱之分。弱利益相关者在运用弱势权力维护自己权利时，一方面要依赖法律的保护和支持，用法律规范保证权力的正常有效地执行。另一方面还需要借助利益趋同的利益相关者联盟。利益趋同的利益相关者组成的联盟权力高于单个利益相关者，如小股东联盟、债权人联盟、顾客联盟，更能有影响力地行使权力，与大股东、经营者的权力进行抗衡，以达到权力的牵制和制约。利益相关者联盟的形成是基于联盟内各利益相关者的信任合作和协调机制，否则难以形成利益相关者联盟。同时，各联盟之间也需要信任合作和协调，从而促进企业的可持续发展，否则将陷入争权夺利之势。

网络治理的机制同样也是科层机制和信任合作机制。在企业内部网络治理中，在各成员之间如员工、部门等,组织网络的信息交流和创新活动往往是由个体完成的。在团队管理和合作开发过程中,很多创新知识的来源依赖于成员的隐性知识和来自个人社会关系网络的信息,以及这些信息和知识与组织网络资源的整合,而这更多的是依靠科层治理机制,通过激励与约束实现整合。信任机制和市场机制的结合常常体现在企业间网络的制度安排,例如与供应商长期性的关系契约和关系融资等。关系契约在很大程度依赖于对合作伙伴的声誉和竞争力,双方在价值和文化上的某种程度一致性,以及组织和个人的社会关系。因此,关系合同具有较大的灵活性和可变性,可以依据市场情况的变化做出相应的调整,减少谈判和执行的成本。

由于不同的治理机制各有利弊,科层机制可以实行统一的集中控制,有效地防止被套牢和信息溢出的风险,但是正式科层权威系统的信息传递慢、损耗大,缺少有效的激励手段;以信任为基础的机制可以促进知识的交流和创新活动,以及参与者对资产的专用性投资,但是由于缺少严格的契约约束和权力保证,存在被套牢和信息溢出的风险。不同的治理机制之间存在互补性,采用不同治理机制的组合可以有效减少治理成本。因此,不管是共同治理还是网络治理,都不可能是单一的某一种治理机制,任何一种机制都不能解决治理的问题,而应是多种治理机制的有机组合和有效的运用以达到治理目标,只是在具体运用中其范围与侧重点有所不同而已。因此,共同治理与网络治理在治理机制上有趋同性。

第二节 网络经济下的企业治理内容

网络经济是一个经济系统。在这个系统中,数字技术被广泛使用并由此带来了整个经济环境和经济活动的根本变化。网络经济也是一个信息和商务活动都数字化的全新的社会政治和经济系统。企业、消费者和政府之间通过网络进行的交易迅速增长。网络经济主要研究生产、分销和销售都依赖数字技术的商品和服务。网络经济的商业模式本身运转良好,因为它创建了一个企业和消费者双赢的环境。

一、网络经济的企业关系

网络经济,不仅代表未来的潮流,更意味着企业应该利用各种力量发展网络经济,用网络经济解决问题,促进我国经济发展再上一个台阶。制造业是实体经济的基础,在推动网络经济发展的过程中,用数字技术改造生产、管理和销售流程,降低成本,聚焦品质,同时降低中小企业吸收新技术的门槛,将成为中国制造的新希望。

2015年1月,在瑞士达沃斯论坛上,马云首次提出创建eWTP(电子世界贸易平台),服务全球1000万中小企业和20亿消费者。2016年9月,eWTP理念被写入G20峰会公报。按照马云的解释,eWTP是由私营部门发起,各利益方共同参与的世界电子贸易平台,旨在促进公私对话，推动建立相关规则，为跨境电子商务营造政策和商业环境，从而帮助全球发展中国家和最不发达国家、中小企业、年轻人更方便地参与全球经济。互联网经济时代打开了中小企业参与全球化贸易的渠道。

2017年，中国"互联网+"网络经济峰会在杭州举办。当日下午，峰会举办了主题为"智慧决策普惠民生"的政务分论坛。在论坛上，国务院发展研究中心联合腾讯公司发布《互联网支撑环境研究》报告。该报告全面阐述了"互联网+"对各个领域的影响，特别是在政务领域，为国家未来深入推进简政便民改革提供了理论支持。"互联网+行动"是一个国家战略，着眼于我国如何推动、引导全社会的力量来抓住信息化带来的机遇。目前，"互联网+"还处于起步阶段，入互联网+众创、互联网+政务民生、互联网+开放能力建设等，未来"互联网+"会向更多行业延展，会产生市场和政府前所未见的情况。但是，可以预见的是"互联网+"程度越高，政府资源的配置越科学，社会资源配置到"互联网+"领域的收益就越高。

2017年，中国电商与零售创新国际峰会在上海落幕。中国网购市场和新电商消费发展成了重要讨论议题。而在此之前，电商、网络经济和消费升级已经成为政府关注的重点关键词。而主导新电商消费的C2M行业似乎也看到了提速发展的机会。据艾瑞咨询最新数据显示，2016年中国电子商务市场交易规模为20.2万亿元，增长23.6%。中国电子商务市场继续稳步发展。其中，网络购物占比23.3%，相比2015年占比升高，发展势头良好。同时，2016年中国网络购物市场交易规模为4.7万亿元，占社会消费品零售的14.2%。网络购物对经济的贡献越来越大，仍是目前零售的主流渠道。

二、网络经济下的产品管理

互联网产品的概念是从传统意义上的"产品"延伸而来的，是指在互联网领域中产出而用于经营的商品，是满足互联网用户需求和欲望的无形载体。简单来说，互联网产品就是指网站为满足用户需求而创建的用于运营的功能和服务，是网站功能和服务的集成。例如，新浪的产品是"新闻"，腾讯的产品是"QQ"，博客网的产品是"博客"，网易的产品是"邮件"。

（一）产品分类

在发展过程中，按网站产品所具有的功能和作用，将其分为三类：

（1）第一类产品为主要产品，也称为大众需求产品，是指网站为满足大众需求而创建的产品，这类产品只为赢得公信力，并非盈利产品。例如，新浪的"新闻"、腾讯的"QQ"、网易的"邮件"、百度的"搜索引擎"，这些都是免费为大众服务的，用于增加网站流量，赢得公众信赖。

（2）第二类产品为盈利产品，这部分产品可能只满足一小部分用户的需求，也是为这一小部分用户而创立的，但它却有着很大的盈利空间，是网站的主要盈利产品。例如，腾讯的"宠物"、在线小游戏、百度的"推广"等付费服务。

（3）第三类产品为辅助产品，这类产品能为网站带来少量流量或收入，产品本身的实力相对比较弱，以辅助以上两种产品为主，但却是网站中不可或缺的产品。

这样的划分，可以有效指导企业在网站发展中进行正确的决策，避免走弯路。

（二）互联网产品的设计

互联网产品设计主要是指通过用户研究和分析进行的整套服务体系和价值体系的设计过程。整个过程基于用户体验思想的设计过程，伴随着互联网产品周期进行一系列产品设计活动，主要包括：

（1）需求调研：计划、准备与执行，分析与总结。
（2）需求规划：产品概念假设，导入产品设计思想，产品概念整理，概念测试，产品规划。
（3）需求共识：需求开发计划，需求方案，需求协商与确认。
（4）需求管理：需求层次的标识与分类，需求跟踪与变更管理。
（5）信息架构：信息架构规划，导航系统设计，搜索系统设计。
（6）UI 设计：界面风格设计，UI 规范。
（7）原型设计：低保真，高保真。
（8）测试：原型测试，可用性测试，专家评估。
（9）开发：后期开发和上市工作中相关的设计工作等。
（10）迭代：产品上市，持续获取用户需求，更新迭代产品。

（三）产品管理特点

产品管理工作严格来说是产品经理工作的一项重要内容，在有些团队中，也被称为项目管理。国内对这两个概念并不会严格区分，所以有些企业会有项目经理和产品经理，而另外一些企业只有产品经理。

产品管理的概念范围实际上是小于项目管理的，但继承了项目管理的一部分属性，其中有最为关键的三个特点：

（1）独特性。有时也称为一次性，每个项目和项目管理的过程都存在差异性，都不一样。哪怕相同的需求，但是不同的人参与，不同时期的外部环境不同都会带来变化。

（2）临时性。项目都有明确的开始时间和结束时间，开始时间和结束时间所持续的时间称为项目的周期或工期。项目的临时性不意味着项目周期短，另外项目是临时的，但是项目的交付成果有的却是永久的。

（3）渐进明细。项目相关方对项目的要求、产品特征和管理要素的认识是一个渐进的过程。产品的管理工作，其定义简单，但由于环境复杂多样，组织的管理意识参差不齐，特别在创业型企业中，想要养成良好的产品管理习惯和成体系的流程则困难重重。这也是许多产品新手经常感到困惑的原因，工作确实繁忙，每天都做了很多事情，但更多的状态是不知道下一步该做什么。

三、网络经济下的渠道管理

网络销售渠道和传统销售渠道各有优劣,而怎样解决二者的不足,有效应用二者的有利方面,优化二者间存在的矛盾,让企业可以更好地在销售渠道这一环节充分发挥效用,企业还需整合二者具体状况,以便更好地融合发展。本部分主要分析网络经济时代销售渠道的整合发展。

(一)整合营销渠道,实现共同发展

把网络销售渠道同传统销售渠道有机结合起来,互相作用,取其精华去其糟粕,全面发挥各自优势,紧密配合,一同发展。以戴尔计算机公司为例,其在该方面做的就非常好,戴尔计算机公司利用网络销售渠道节省了诸多费用,其销售量有40%源于网络销售,因网络直销经营成本较少,所创造的利润要比当前业内水平的销售高很多。但戴尔计算机公司并未完全以网络销售为中心,还构建了一直高水平的直销团队,其主要职责是向所有潜在客户发送促销信件,并为销售与服务部门布设专门的电话用于咨询服务,为网销客户提供更加优质的售后服务,加强客户满意度,促使客户二次回购。

(二)建构合作型营销渠道,改变传统销售渠道的职能

企业构建新兴的网络销售渠道,给传统的营销渠道带来巨大的冲击,因对日后发展的不确定性,遭受了传统营销渠道的剧烈抵制。为此,企业在引入新兴网络销售渠道的同时,需及时完善传统销售渠道内中间商的职能,把中间商的作用转变为直销渠道提供服务性能的中介组织,或是转换成为提供配送服务的运输组织,也能够提供技术指导,把其转变为网销渠道。如此,一方面不但能够保证生产者与最终消费者直接接触,实现减少成本,减少中间环节,提高经济效益,让利给消费者的目的;另一方面也有效优化了传统销售渠道所存在的不足,实现了消费者、传统销售渠道与网销渠道这三者间的有机结合,以达到三分共赢这一目标。

(三)建立渠道管理信息系统,有效整合客户资源

不管是网络销售渠道还是传统销售渠道,都需要一套健全的客户管理资源。在基于传统销售渠道为中心的销售时期,客户资料具备较强的松散性,基本就是以各级中间商为主逐渐向下级扩展。而网络营销渠道因初期无法获取健全且准确的客户资料,需要一段时间的累积。关系营销在市场营销中占主体地位,传统销售渠道不能有效维护客户关系,还无法有效保证客户资料的准确性。如果可以将二者的客户资源整合起来,构建一个企业共有的客户资料,实现资源共用,那么一方面能够把传统营销渠道的客户资料进行系统整合;另一方面能够把全部客户资料进行有效分类,以便更好地维护与客户间的关系。而且,企业能够通过网络营销渠道展开大范围促销宣传,把企业内有价值的资料利用现代化技术第一时间发送给客户,优化客户在以往营销渠道中的不足,实现传统营销渠道与网络营销渠

道有机融合，以提高企业整体效益，保证其在繁杂的经济市场中站稳脚跟。

（四）构建完整的企业供应链，优化物流配送体系

企业初期的物流配送多半是由专业物流公司来完成的，但随着社会经济不断发展，网络营销渠道兴起，原本物流公司的运输能力已无法满足网络营销渠道的需求，为此产品的物流配送便成了企业能够稳定发展的关键点。构建完整的企业供应链，首先需构建供货商与企业分销商之间的物流配送体系，能够通过网络构建更加健全的物流体系，确保物流畅通。尽管网络营销渠道得到了有效应用，但对企业来讲，传统的营销渠道的销售占比依旧在企业内占据较大比重。另外，企业需构建属于自己的广域网和局域网，实现网络集成化。通过网络增强企业同各成员的关系，保证企业间紧密联系，构建制造商、消费者和供应商网上物流体系，通过一条龙的运营方式来提升企业核心竞争力，促使企业在繁杂的经济市场中健康稳定发展。对于企业来讲，构建完整的企业供应链，优化物流配送体系十分重要，不但能够提高客户满意度，还能保证企业的经济效益和社会效益。为此，相关人员需给予其高度重视，促使其存在的价值和效用在企业日后发展中能够充分发挥出，使其在日后全面发展，为我国社会经济持续增长提供有利条件。

四、网络经济下的价格管理

网络经济是以信息网络作为基础平台，以技术创新驱动经济增长，以电子商务主导商品流通，以互联网联系全球市场，并将信息和知识作为重要生产要素的一种新型经济形态。网络经济的出现给传统的资源配置方式、市场结构、消费方式，以及企业的生产经营都带来了巨大的变革，这种变革必然会通过市场传导给价格。在价格形成方面，数字产品生产的个别劳动时间直接成了社会必要劳动时间。在价格竞争方面，传统市场和网络市场成为价格竞争的两大平台，不仅卖方之间的价格竞争更为激烈，而且激活了买方之间的价格竞争。此外，在价格运行方面，网络交易的发展形成了新的价格体系，并在一定程度上抑制了传统市场的通货膨胀，促进了价格总水平趋于稳定。可见，网络经济对价格形成、价格竞争和价格运行都产生了重要的影响，由此也必然对价格竞争和运行所形成的传统价格关系产生冲击，使价格体系呈现出新的发展。

（一）虚拟市场分离出现

在线价格体系互联网实现了全球市场在信息网络平台上的无缝对接，消除了地域界限和地区分割，消除了沟通和互联的时间局限，为价格运行开辟了一个不同于传统市场的新型市场环境。该市场具有虚拟化、全球化、信息化、开放化、高效率和低交易成本等特征。当网络经济足够发达时，可以认为它是平行于真实市场的一个虚拟市场，或者说它是真实市场的一个信息平台。网络市场这个虚拟市场的高效运行正是得益于它与真实市场的分工，即网络市场处理信息流，提供交易磋商的平台，而真实市场处理物质流，提供生产配送和消费的过程。

网络虚拟市场的出现，促成了价格体系的演变。一方面，同一商品的价格出现了在线价格和离线价格的分离，形成了相对独立于传统价格体系的在线价格体系。经济学家史密斯（Smith）通过研究发现，网络商品的价格水平一般要比传统市场的商品低9%—16%，从一个侧面证明了在线价格体系对商品价值的偏离更小，而且网络市场也相对更有效率。另一方面，在分离出在线价格体系的同时，传统的价格体系也发展成为离线价格体系。并且由于互联网促进了传统市场中交易双方之间的信息对称，离线价格体系也将发生变化：批零差价、地区差价将不断缩小，而国内价格和国际价格也将趋于一致。总之，在这两大价格体系中，在线价格体系是以离线价格体系为基础的，并不能孤立于离线价格体系而存在。同时，在线价格体系具有比离线价格体系更大的价格弹性，使在线交易比离线交易更容易实现灵活定价。

（二）数字产品拓展出现

传统价格体系包括商品、服务和生产要素等价格客体之间的各种价格关系。而在网络经济时代，由于数字产品的大量出现，价格客体的内涵得到了前所未有的扩展。凡在网络经济中交易的、可以被编码的，并可以用网络来传播的事物均可以成为数字商品和价格客体，甚至包括注意力———一些网络广告就通过付费形式来购买用户的关注。可以说，网络经济已将人类带入了一个数字化的信息时代。数字产品的出现使传统的定价方式面临着巨大的挑战。这类商品在成本构成上具有高固定成本和低变动成本的显著特征。鉴于数字产品的这种成本构成，为避免造成社会效率的损失，就不能依据传统经济学理论采用边际成本定价方法，而应采用多重价格的定价模式，即对同一数字产品或者相似数字产品制定不同的价格来出售给消费者。对数字产品采用的多重价格实际上是一种价格歧视，但这种价格歧视是让·梯若尔（Jean Tirole）所认为的"更为有利"的价格歧视，由此所形成的多重价格体系能够提高产品的社会总产量，减少单一定价时的效率损失。

可见，多重价格体系是价值规律指导下价格体系的一个新发展，它不仅使较低支付意愿的消费者需求得到满足，而且使数字产品生产商获得充分激励。更重要的是，多重价格体系的形成使现有价格体系能够建立在更尊重效率的基础之上。

（三）电子商务支撑起动态价格体系

在线电子商务的发展给全球经济注入了生机，通用电气公司利用在线商务采购仅2001年一年就节约了9亿美元。电子商务带来了交易效率的大幅提高和交易成本的极大节约，更为重要的是，电子商务带来了市场交易的根本性改变。便捷的沟通、24小时的运营，以及极低的搜寻成本和交易费用，使电子商务变革了原有的交易模式，形成了一个由在线交易支撑的动态价格体系。

首先，电子商务中价格变动的低菜单成本为价格体系的动态化提供了条件。所谓菜单成本，是指厂商对价格进行调整时所产生的成本负担。传统市场的菜单成本主要是一些物耗成本。而在网络经济条件下，价格变动通过数据处理程序即可完成，菜单成本已减至最低，这为动态价格体系的建立提供了条件。其次，动态价格体系中的价格由交易双方通过双向互动决定。电子商务不仅提供了一个快捷、高效的交易磋商平台，还极大地增强了消费者的议价能力。通过"逆行拍卖"，消费者可以出价购买商品和服务。最后，这种动态价格体系的变动频率较高。这是由于在线商品交易相对于传统市场而言更为分散和频繁，从而导致在线商品价格体系变动频率较高。以易趣网站为例，平均每10秒就有1个买家出价，而每60秒就有1件商品成功卖出。大量、频繁的交易最终导致了价格体系的动态化。

第三节 网络经济下的企业竞合

一、网络经济下的企业行为的博弈分析

网络经济的兴起已经对现代企业的研发、生产、经营和管理的各个环节产生了重大的影响，传统的以低成本、高品质取胜的竞争手段已不再是决定企业生死存亡的最核心因素，标准竞争战略已经成为决定信息经济时代企业竞争胜负的最关键的因素。标准主导权的争夺成为计算机、通信和消费电子等网络经济的代表性行业竞争和发展的核心问题。通常所说的网络经济具有以下几方面的特点：

（1）网络经济是速度型直接经济、数字化虚拟经济。一方面网络经济能够以接近于实时的速度收集、处理和应用大量的信息；另一方面经济的虚拟性源于网络的虚拟性，转移到互联网经营的经济都是虚拟经济，是与网外物理空间中的现实经济相并存、相促进的。

（2）网络经济是创新型经济，缩小了市场准入的门槛。网络经济源于信息技术和互联网，但又超越了信息技术和互联网。网络技术的发展日新月异，以此为基础的网络经济自然更加强调研究开发和教育培训。在技术创新的同时还需要有制度创新、组织创新和管理创新、观念创新的配合。一般企业只需要建立一个网站便能面向全世界。

（3）网络经济具有外部经济性。梅特卡夫（Metcalfe）法则的本质是网络外部性，即如果一个网络中有若干个人，那么网络对每个人的价值与网络中其他人的数量成正比。网络的外部经济性产生的根本原因在于网络本身的系统性、网络内部信息流的交互性和网络基础设施的长期垄断性。网络的正外部性还将产生正反馈。

（4）网络经济具有边际收益递增效应。因为网络产品具有高固定成本、低边际成本的特点，所以网络信息价值具有累积增值和传递效应。

（5）网络经济具有锁定和路径依赖性。网络经济下的消费者面临的高额的转移成本使得消费者不会轻易地采用新的产品或技术，即使新的产品或技术对消费者更有效用。这种现象称为消费者被一种产品或技术锁定了。路径依赖是指某项技术在偶然因素引导下形成的技术方案会使技术按此方向发展下去或保留下来的现象。

市场竞争经过几百年的演进，逐渐从产量竞争、成本竞争过渡到网络经济时代的标准竞争。在标准竞争时代，只有成为标准的产品才能最大限度实现产品的正反馈效应，从而最快达到临界容量进而占领市场。在网络经济下，标准竞争成为企业竞争的主要形式，因为只有一个赢家。所谓标准，指的是某一产业范围内的所有产品、生产过程、规格或程序等所有要素都必须遵循的一套技术上的规范，一般包括政府标准和企业自发标准。在网络经济下，两种标准对于企业都非常重要，只要能够成为事实或形式上的标准都将给企业带来可观的利润。

二、企业标准竞争战略选择模型

在网络市场中，一些企业故意放大自身产品与同类产品的差异，并努力将自己的技术转化成为行业标准，从而获得超额利润并建立起在该市场中不可动摇的统治地位。但是，激烈的标准战对市场成长却极为不利，而且也并不是所有的企业都有这样的能力和条件来进行标准争夺战。因此，在网络市场中，企业标准竞争战略的选择取决于企业对各类战略给企业所带来的利润的权衡比较，即选择标准兼容战略还是选择标准挑战战略，对两种战略能够给企业带来利润的大小进行权衡比较。

（一）标准主导战略

当企业是竞争性垄断市场中的在位企业时，它可以实施标准主导策略，从而利用标准实现价值垄断，获得可持续发展并主导本产业的发展。

（二）标准挑战战略

当企业作为一个潜在进入者，或者作为希望挑战在位者标准地位的企业时，一般能够应用的是挑战者战略。作为新产品的提供者，挑战者最为明智的决策是推出一个与标准产品相兼容而又有创新的新产品。

标准建立的过程是网络经济条件下企业制定竞争战略考虑的首要内容。而其中的关键环节就是推动标准形成或者阻止其他企业采用自己的技术标准的过程，以及如何去影响自己将要面临的行业竞争环境。一个企业是否希望将自己的标准建成为仅仅自己使用的标准、选择加入竞争对手的标准，或者选择将其标准提供给竞争对手并使该标准转化为一个普遍接受的行业标准呢？企业做出什么样的决策不仅取决于对每种竞争获胜的可能性的评估，还受到行业竞争态势的影响。如果同行业中各个企业的规模、技术能力和竞争能力基本类似，那么各个企业可能会选择基本相同的标准推广战略，相应使用各种竞争策略；如果同行业中各个企业的规模、技术能力和竞争能力相差较大的话，各个企业就会根据自己的竞争实力选择不同的标准战略，进而选择不同的竞争策略。

三、网络经济下的企业的反垄断

垄断问题一直以来都是各国十分关注的问题,为解决市场竞争中出现的垄断问题,各国也积极制定了反垄断法。在信息技术的推动下,网络经济迅速发展,各种网络企业相继出现,网络竞争愈演愈烈,并出现了一系列垄断问题。由于网络领域比较特殊,具有新的经济特征,因此,反垄断法在这一领域的适用性也需要得到进一步的思考。

(一)反垄断法在网络经济中面临的挑战

网络经济具有互联性、网络外部性、网络锁定规律、兼容性需求等经济特征。

在网络经济中,技术的更新速度影响着企业的生存和发展。这些与传统经济具有较大差异性的特征,也使反垄断法在应用中面临着巨大挑战。

(1)网络经济的互联性和网络外部性等特征,使反垄断法在一些基本问题的界定上遇到了障碍,如网络企业市场支配地位的确定、网络经济中相关市场的界定等。

(2)在网络经济的正反馈机制作用下,企业所采用的经营策略也会对反垄断法的应用产生影响。例如,网络经济的特征导致网络企业通常会采用渗透定价这一竞争方法,在传统经济中,反垄断法会将这一竞争方法直接认定为典型掠夺性定性行为,并对企业竞争行为进行禁止;但是,在网络经济中,这一竞争方法是网络企业普遍运用的手段,这便给反垄断法对这一行为的判断带来了难题,无法确定是否应予以禁止。

(二)网络经济的反垄断法规制指南

1. 以技术创新为规制目标

网络经济作为一种新型经济形态,具有低资本、高科技含量、进入市场速度快等特点。网络经济主要以信息产品为支撑,而这一产品在实质上是知识产品。众所周知,知识产品只有通过技术的不断创新,才能够实现进一步的发展。因此,在网络经济下,网络企业要想实现市场竞争力的提升和长期健康发展,就必须实现技术的持续创新,这也是网络企业赖以生存的重要方式。例如淘宝、百度、新浪等互联网企业都是依靠技术创新,才在短时间内便实现了成长壮大。互联网经济也在17年内便达到了5070亿美元的产值,仅用了4年,用户便超出了5000万。而在同一规模下,电视机所用时间为13年,电话机所用时间为58年。网络经济中的垄断企业也为了获得更多的消费者群体和经济效益而不断进行技术创新,由此可见技术创新的重要性,应将其定为反垄断法规制的目标。在网络经济中,国家可以将这一目标作为反垄断规制的衡量标准。如果网络企业因自身技术的不断创新而得以壮大发展,则不需要对其进行规制;如果网络企业通过限制其他企业技术创新而进行发展,则需要对其进行反垄断规制。例如,在微软公司涉嫌垄断的审判中,因微软公司是基于不断的技术创新而占有市场90%的份额,所以对其不予以规制。但是,其捆绑IE浏览器的行为限制了其他企业的创新,则需要被规制。

2. 以特定垄断行为作为规制重点

在网络经济中,反垄断规制应具备与之相对应的规制重点。网络经济具有自身的特点,使网络市场中产品份额和市场支配力不断提升,极易形成较高的市场集中度,市场垄断十分突出,市场竞争异常激烈。在网络市场竞争中,网络企业所采取的一些竞争策略在传统市场上会是典型的掠夺型定价,但是在网络市场中却是网络企业普遍运用的竞争策略。例如,微软不会为下游软件企业提供技术信息,以至于其产品与操作系统不兼容。而在竞争策略的运用中,企业有可能采取技术创新、限制竞争等方式,也有可能限制其他企业创新。因而,反垄断法规制应抓住规制重点,将网络企业特定垄断行为作为终端进行规制,如捆包销售和滥用标准等。

3. 遵循跨市场、跨地区规制的要求

在经济全球化发展和互联网的普及下,信息产品能够在全球范围内广泛传递,这样极易导致网络经济垄断的全球化。例如,在网络经济市场中,英特尔垄断了全球80%以上的计算机微处理器芯片市场。因而,在反垄断法规制中,应加强对跨市场、跨地区规制要求的重视,通过双边协议或是在国际机构的协调下进行双边认定,并建立相应的反垄断规制互助执行机制,实现全球规制,以保证规制效果。

参考文献

[1] 范慧琳. 计算机应用技术基础 [M]. 北京：清华大学出版社，2006.

[2] 冯丽萍，张华. 浅谈计算机技术发展与应用 [J]. 现代农业，2012（08）：104.

[3] 冯小坤，杨光，王晓峰. 对可穿戴计算机的发展现状和存在问题研究 [J]. 科技信息，2011（29）：90.

[4] 付海波. 试论计算机应用的现状与计算机的发展趋势 [J]. 数码世界，2017（11）.

[5] 贺嘉杰. 浅析计算机应用的发展现状和趋势探讨 [J]. 电脑迷，2017（2）.

[6] 侯希来. 计算机发展趋势及其展望 [J]. 科技展望，2017，27（17）：14.

[7] 胡卜雯. 高职院校公共英语语法教学中存在的问题及对策研究 [J]. 求知导刊，2016，（36）.

[8] 胡乐. 浅谈计算机应用的发展现状和发展趋势 [J]. 黑龙江科技信息，2015（2）：104.

[9] 李成. 浅析计算机应用及未来发展 [J]. 通信世界，2018（09）.

[10] 廉侃超. 计算机发展对学生创新能力的影响探析 [J]. 现代计算机（专业版），2017（06）：50-53.

[11] 梁文宇. 计算机应用的现状与计算机的发展趋势 [J]. 科技经济市场，2017（02）.

[12] 刘青梅. 计算机应用的现状与计算机的发展趋势 [J]. 电脑知识与技术，2016（25）.

[13] 王金嵩. 浅谈计算机应用的发展现状和发展趋势 [J]. 科学与财富，2015（10）：106.

[14] 王晓. 计算机应用的现状与计算机的发展趋势探讨 [J]. 科学与信息化，2018（31）.

[15] 谢振德. 计算机应用的现状与发展趋势浅谈 [J]. 电脑知识与技术，2016（27）.

[16] 尤延生. 项目教学法在高职院校教学实践中存在的问题及解决思路 [J]. 求知导刊，2016，（20）.

[17] 喻涛. 试论计算机应用的现状与计算机的发展趋势 [J]. 通信世界，2015（06）.

[18] 岳旭耀. 高职院校设备管理中存在的问题及改进措施 [J]. 科学中国人，2015，（92）.

[19] 张跃. 计算机应用现状及发展趋势 [J]. 船舶职业教育，2018.

[20] 赵洪文. 计算机应用的发展现状及趋势展望 [J]. 科技创新与应用，2018（2）：167-168.